I0696945

HONGOS MÁGICOS

EXPLORANDO SU LEGADO, POTENCIAL Y DILEMAS ÉTICOS

DAVID SANDUA

*"Los hongos mágicos son como una ventana a otra realidad,
una herramienta para abrir la mente y explorar la naturaleza de la conciencia."*

Terence McKenna (Etnobotánico y escritor)

ÍNDICE

I. INTRODUCCIÓN

Los hongos mágicos, también conocidos como hongos psilocibios, se han utilizado durante siglos por sus propiedades psicoactivas. Estos hongos contienen un compuesto natural llamado psilocibina, responsable de producir efectos alucinógenos en las personas que los consumen. Aunque el cultivo, el consumo y la importancia espiritual de los hongos mágicos se remontan a siglos atrás, su popularidad y uso generalizado han aumentado en los últimos años. Esto puede atribuirse a un creciente interés por formas alternativas de terapia, así como a una mayor conciencia de los beneficios potenciales que pueden ofrecer dichas sustancias. A pesar del aumento de su popularidad, el consumo de hongos mágicos sigue siendo muy controvertido, ya que existen numerosos problemas legales, éticos y sanitarios asociados a su consumo. Es esencial explorar diversos aspectos de los hongos mágicos, como su contexto histórico, los métodos de cultivo, los efectos sobre la percepción, la espiritualidad, las guías de cultivo, los posibles usos terapéuticos, así como los riesgos asociados, el marco legal y las normativas que rodean su consumo. Examinando estos aspectos de forma exhaustiva, las personas pueden comprender mejor los hongos mágicos y tomar decisiones informadas sobre su consumo.

DEFINICIÓN DE HONGOS MÁGICOS

Los hongos mágicos, también conocidas como hongos psilocibios, son un tipo de hongo que contiene el compuesto psicoactivo
psilocibina. La psilocibina es un compuesto psicodélico natural
químicamente similar a la dietilamida del ácido lisérgico (LSD).
Estos hongos se encuentran habitualmente en diversas partes del
mundo, como América, Europa, Asia y Australia. Suelen ser pequeñas, de color marrón o tostado, y tienen un sombrero y un
tallo característicos. El compuesto de psilocibina de los hongos
mágicos es el responsable de los efectos alucinógenos cuando se
consumen. Cuando se ingiere, el cuerpo convierte la psilocibina
en psilocina, que interactúa con los receptores de serotonina del
cerebro, provocando alteraciones de la percepción, la cognición
y el estado de ánimo. Los efectos de los hongos mágicos pueden
variar en función de factores como la dosis, la tolerancia individual, la mentalidad y el entorno en el que se consumen. Entre los
efectos habituales se incluyen alucinaciones visuales y auditivas,
cambios en el estado de ánimo y las emociones, alteración de la
percepción del tiempo y el espacio, aumento de la creatividad y
la introspección, y sensación de euforia o bienestar. Estos efectos
suelen comenzar entre 20 y 60 minutos después del consumo y
pueden durar varias horas. Es importante señalar que los efectos
de los hongos mágicos pueden ser impredecibles y variar mucho
de una persona a otra. Mientras que algunos personas pueden
tener experiencias positivas y profundas, otros pueden experimentar efectos negativos como ansiedad, paranoia, confusión e
incluso ataques de pánico. El consumo de hongos mágicos puede

tener efectos duraderos en la salud mental de una persona, sobre todo en las que tienen antecedentes de enfermedad mental. Debido a los riesgos y efectos potenciales, se recomienda que las personas se informen ampliamente sobre los riesgos potenciales del consumo antes de probar los hongos mágicos. También es importante tener en cuenta la situación legal de los hongos mágicos. En muchos países, incluido Estados Unidos, la posesión, el cultivo y la distribución de hongos mágicos son ilegales. Existe un movimiento creciente que aboga por la despenalización y legalización de las sustancias psicodélicas, incluidas los hongos mágicos, con fines médicos y terapéuticos. Investigaciones recientes han mostrado resultados prometedores en el uso potencial de la terapia asistida con psilocibina para el tratamiento de trastornos mentales como la depresión, la ansiedad y el TEPT. Varios ensayos clínicos han demostrado el potencial terapéutico de los psicodélicos para crear experiencias transformadoras que pueden provocar cambios positivos en la salud mental y el bienestar. A pesar de las complejidades legales y sociales que rodean a los hongos mágicos, no debe pasarse por alto su importancia histórica y cultural. A lo largo de la historia, los hongos mágicos han sido utilizados en ceremonias religiosas y espirituales por culturas indígenas de todo el mundo, sobre todo en América Central y del Sur. Estas culturas creían que el consumo de hongos mágicos les permitía comunicarse con lo divino, obtener discernimiento y acceder a reinos superiores de conciencia. La experiencia psicodélica se consideraba una herramienta transformadora y sagrada para el crecimiento personal y espiritual. Hoy en día, el consumo de hongos mágicos sigue siendo practicado por personas que buscan la exploración espiritual, el desarrollo personal y las experiencias místicas. Los hongos mágicos son un tipo de hongos que contienen el compuesto psicoactivo psilocibina. Cuando se consumen, pueden inducir efectos alucinógenos que alteran la percepción, la cognición y el estado de ánimo. Los efectos pueden variar mucho de una persona a otra, y el consumo de hongos mágicos conlleva riesgos potenciales e implicaciones legales. Cada vez hay más investigaciones que sugieren el potencial terapéutico de la terapia asistida con psilocibina. No debe pasarse por alto la importancia histórica y cultural de los hongos mágicos, ya que se han utilizado con fines espirituales y transformadores durante siglos.

CULTIVO, CONSUMO, ESPIRITUALIDAD Y PERCEPCIÓN

El cultivo de hongos mágicos implica una serie de pasos que son cruciales para conseguir una cosecha satisfactoria. El primer paso consiste en adquirir las esporas, que son las células reproductoras de la seta. Estas esporas suelen obtenerse de vendedores comerciales o recogerse de especímenes maduros. Una vez obtenidas, las esporas se colocan en un medio rico en nutrientes, como el agar, para favorecer su germinación. Una vez que se han convertido en micelio, la fase vegetativa del hongo, el micelio puede transferirse a un sustrato, normalmente una mezcla de vermiculita y harina de arroz integral. Este sustrato proporciona los nutrientes necesarios para que el micelio se desarrolle y forme hongos. A continuación, el sustrato se coloca en un entorno controlado con unas condiciones específicas de temperatura, humedad y luz que imitan el hábitat natural de los hongos. Con los cuidados y el mantenimiento adecuados, el micelio seguirá creciendo y acabará produciendo hongos, que pueden recolectarse y consumirse. En cuanto al consumo, los hongos mágicos suelen ingerirse por vía oral, frescas o secas. La dosis varía en función de los efectos deseados y de la potencia de los hongos. El consumo de hongos mágicos puede inducir una serie de experiencias, conocidas comúnmente como viajes, que pueden ser muy subjetivas y variar de una persona a otra. Estos viajes suelen caracterizarse por alteraciones de la percepción, experiencias sensoriales mejoradas y un sentido alterado de uno mismo. Es importante señalar que los efectos de los hongos mágicos pueden ser impredecibles y están influidos por diversos factores, como la mentalidad del individuo, el entorno y la dosis.

Más allá de su uso recreativo, los hongos mágicos tienen una larga historia de significado espiritual y religioso. Las culturas indígenas, como el pueblo mazateco de México, han incorporado el uso ceremonial de los hongos mágicos como sacramentos sagrados y herramientas de exploración espiritual. Estas culturas creen que los hongos poseen propiedades divinas y pueden facilitar la comunicación con seres o entidades superiores. Dentro de un contexto espiritual, el consumo de hongos mágicos suele estar guiado por rituales y prácticas que pretenden crear un espacio sagrado y respetuoso para la experiencia. El consumo de hongos mágicos puede alterar significativamente la percepción de la realidad. El compuesto psicoactivo responsable de estos efectos es la psilocibina, que se convierte en psilocina en el organismo. La psilocina actúa como agonista de los receptores de serotonina, lo que provoca cambios en la actividad cerebral y en la liberación de neurotransmisores. Estos cambios pueden provocar alteraciones en la percepción visual, como colores vivos, patrones geométricos y una mayor percepción de la profundidad. Los hongos mágicos pueden aumentar las experiencias sensoriales, intensificar las emociones e incluso inducir una sensación de unidad o interconexión con el entorno y la naturaleza. Estos cambios perceptivos pueden ser a la vez asombrosos y profundamente transformadores para las personas que se someten a una experiencia con hongos mágicos. El cultivo, el consumo, la espiritualidad y la percepción de los hongos mágicos abarcan un fenómeno complejo y polifacético. El proceso de cultivo requiere pasos específicos para garantizar una cosecha satisfactoria, mientras que el consumo puede inducir una serie de experiencias subjetivas conocidas como viajes. Los hongos mágicos tienen un profundo significado espiritual y religioso para ciertas culturas, y su ingestión suele estar guiada por rituales y prácticas. La ingestión de hongos mágicos puede alterar significativamente la percepción de la realidad, provocando cambios en la percepción visual y experiencias sensoriales intensificadas. Los hongos mágicos siguen intrigando y cautivando a las personas por sus propiedades únicas y su potencial para la exploración espiritual. Un efecto notable del consumo de hongos mágicos es la alteración de la percepción. Se sabe que la psilocibina, el compuesto psicoactivo que se encuentra en estos hongos, se acopla a los receptores de serotonina del cerebro, lo que provoca cambios en la percepción sensorial, la cognición y el estado de ánimo. Estas alteraciones de la percepción pueden manifestarse de diversas maneras. Para algunos, puede dar lugar a una mejora de las experiencias sensoriales, con una mayor apreciación de los colores, los sonidos y las texturas. El mundo puede parecer más vívido, vibrante y vivo. Los objetos cotidianos pueden adquirir un nuevo significado, al surgir un mayor sentido de la curiosidad y el asombro. Esta alteración de la percepción también puede manifestarse como sinestesia, en la que se entrelazan distintos sentidos. Por ejemplo, las personas pueden decir que ven sonidos o saborean colores. Esta experiencia trascendente puede ser a la vez sobrecogedora e iluminadora, ya que permite a los personas percibir el mundo de una manera totalmente distinta. Además de alterar la percepción, los hongos mágicos se asocian desde hace mucho tiempo a experiencias espirituales y místicas. A lo largo de la historia, varias culturas indígenas han utilizado estos hongos en prácticas religiosas y espirituales, creyendo que poseían el poder de la adivinación, la curación y la conexión con lo divino. En los tiempos modernos, las personas que buscan el crecimiento espiritual y la iluminación recurren a menudo a los hongos mágicos como medio de alcanzar la trascendencia y expandir su conciencia. Este viaje espiritual puede implicar momentos de asombro, visiones profundas y una sensación de unidad con el universo. Muchos personas informan de una conexión espiritual más profunda y una mayor apreciación de la interconexión de todas las cosas. Estas experiencias místicas pueden tener un impacto profundo y duradero en las creencias y la visión del mundo, lo que conduce al crecimiento personal, a una mayor empatía y a un mayor sentido de la finalidad de la vida. Es importante señalar que los hongos mágicos también conllevan ciertos riesgos y posibles efectos adversos. La intensidad y duración de la experiencia psicodélica puede resultar abrumadora para algunos personas, provocando sentimientos de ansiedad, confusión e incluso psicosis en casos raros. La percepción alterada y la pérdida del ego pueden desorientar, y a los personas puede resultarles difícil navegar por su realidad durante el viaje. Es crucial abordar el consumo de hongos mágicos con precaución y en un entorno seguro y controlado, preferiblemente bajo la guía de personas o profesionales experimentados. La situación legal de los hongos mágicos varía según los países y las jurisdicciones. Mientras que algunos lugares han despenalizado o incluso legalizado el consumo controlado de estos hongos, otros los clasifican como sustancias ilegales. El panorama legal que rodea a los hongos mágicos es complejo y está en constante evolución. Es esencial que las personas se informen sobre las leyes y normativas de sus respectivas jurisdicciones antes de considerar el cultivo o consumo de hongos mágicos. El consumo de hongos mágicos puede provocar una profunda alteración de la percepción, con experiencias sensoriales intensificadas y efectos sinestésicos. Los hongos mágicos se han asociado históricamente y en la actualidad con experiencias espirituales y místicas, proporcionando a las personas una conexión única con lo divino y un mayor sentido del propósito. Es crucial abordar el consumo de hongos mágicos con precaución, ya que conllevan riesgos potenciales y efectos adversos. Comprender la situación legal de los hongos mágicos en la jurisdicción de cada uno también es vital para garantizar el cumplimiento de la ley. Al conocer en profundidad el cultivo, el consumo, la espiritualidad, la percepción, la historia, los usos, los efectos, los riesgos, las leyes y las normativas que rodean a los hongos mágicos, las personas pueden tomar decisiones informadas y explorar con seguridad los beneficios y riesgos potenciales asociados a estos fascinantes hongos.

II. CULTIVO DE HONGOS

El cultivo de hongos mágicos requiere una cuidadosa atención a diversas condiciones ambientales y técnicas. Un factor esencial es el medio de cultivo, que sirve de sustrato para que crezcan los hongos. Entre las opciones más populares están los cereales, como el centeno o el trigo, o los materiales compostados, como la paja o las virutas de madera. Estos sustratos deben esterilizarse adecuadamente para eliminar cualquier organismo competidor que pudiera dificultar el crecimiento de los hongos. El proceso de esterilización suele consistir en calentar el sustrato a una temperatura y durante un tiempo determinados. Tras la esterilización, el sustrato se inocula con esporas de hongos o micelio, que actúan como semilla para el crecimiento de los hongos. A continuación, el sustrato inoculado se coloca en un entorno controlado, a menudo una bolsa o tarro de cultivo, para facilitar las condiciones óptimas para el crecimiento del micelio. La temperatura y la humedad desempeñan papeles cruciales en el proceso de cultivo. Por lo general, los sustratos prosperan a temperaturas que oscilan entre 70 y 80 grados Fahrenheit, mientras que los niveles de humedad deben mantenerse entre el 85 y el 95 por ciento. Mantener estas condiciones favorece el crecimiento micelial y evita la contaminación por organismos indeseables. Además de la temperatura y la humedad, una iluminación adecuada es esencial para el cultivo de hongos. Mientras que algunas especies, como la Psilocybe cubensis, crecen en la oscuridad, otras necesitan luz para iniciar la formación de cuerpos fructíferos. Debe lograrse un equilibrio entre luz y oscuridad para estimular el crecimiento de los hongos mágicos. Una vez que el micelio ha colonizado completamente el sustrato, proceso que suele durar unas semanas, éste está listo para entrar en la fase de fructificación. Esta fase requiere un cambio en las condiciones ambientales, incluidos unos niveles de humedad más bajos y una mayor exposición al aire fresco. Los cultivadores de hongos suelen utilizar envolturas que retienen la humedad, como vermiculita o musgo de turba, para favorecer la formación de hongos. Estos envoltorios ayudan a mantener los niveles de humedad alrededor de los hongos y proporcionan una superficie adecuada para su aparición. A medida que los hongos crecen, hay que vigilarlos de cerca para evitar infecciones dañinas por moho o bacterias, que pueden provocar la pérdida de la cosecha. La recolección de los hongos mágicos debe hacerse con cuidado para garantizar su conservación y potencia. Los cultivadores suelen recoger los hongos cuando empiezan a romperse los velos bajo sus sombreros, lo que indica que las esporas están maduras. Los hongos recolectados pueden secarse y almacenarse para su consumo futuro o utilizarse con fines espirituales o recreativos inmediatos. Es importante tener en cuenta que el cultivo, la posesión y el consumo de hongos mágicos pueden estar regulados o prohibidos por las leyes de distintos países y jurisdicciones. Las personas interesadas en cultivar hongos mágicos deben familiarizarse con la normativa local para evitar complicaciones legales. El cultivo de hongos mágicos, aunque requiere técnicas específicas y atención a los detalles, puede ser una empresa gratificante y satisfactoria para los interesados en explorar sus efectos y su potencial de crecimiento personal. Comprender los diversos factores que influyen en el crecimiento de los hongos, como la selección del sustrato, la esterilización, la temperatura, la humedad, la iluminación y las técnicas de recolección, puede ayudar a garantizar el éxito del cultivo. Siguiendo estas directrices y cumpliendo las leyes y normativas aplicables, las personas pueden dedicarse a una práctica de cultivo responsable y segura.

DIFERENTES ESPECIES DE HONGOS

Existen varias especies diferentes de hongos mágicos que contienen el compuesto psicoactivo psilocibina. La especie más conocida es la Psilocybe cubensis, a la que se suele llamar "maestra dorada". Esta especie es originaria de las regiones subtropicales y tropicales de América y puede encontrarse creciendo en pastos de vacas, sobre madera podrida y en suelos enriquecidos con estiércol de vaca. La Psilocybe cubensis produce grandes hongos de color caramelo, con característicos sombreros acampanados y esporas de color marrón púrpura. Otra especie muy cultivada y consumida es la Psilocybe semilanceata, también conocida como "sombrero de la libertad". Esta especie es originaria de Europa, Norteamérica y partes de Asia, y suele encontrarse en zonas herbosas, como prados y pastos. Se reconoce por su pequeño capuchón cónico y su tallo largo y delgado. Se valora por su potencia y sus efectos edificantes. Otra especie notable es la Psilocybe mexicana, originaria de México y América Central. Esta especie tiene una larga historia de uso en las culturas indígenas y se utiliza a menudo en rituales religiosos y espirituales. Es conocida por producir pequeños hongos de color castaño con sombreros acampanados. Otras especies que se consumen con menos frecuencia son la Psilocybe cyanescens, originaria del noroeste del Pacífico de Norteamérica, y la Psilocybe azurescens, conocida por su alto contenido en psilocibina. Estas especies suelen crecer en virutas de madera o en material vegetal en descomposición. Cada especie de seta mágica tiene sus propias características, como el aspecto, la potencia y los efectos. Algunas especies son más potentes que otras, lo que significa que contienen niveles más altos de psilocibina y producen efectos alucinógenos más fuertes. Es importante que las personas que decidan consumir hongos mágicos sean conscientes de la especie concreta que consumen, ya que las distintas especies pueden tener efectos diferentes tanto en la mente como en el cuerpo. Es importante identificar correctamente las especies antes de consumirlas, ya que algunos hongos venenosos pueden parecerse a los hongos mágicos. Por eso se recomienda contar con un guía experimentado o comprar hongos de una fuente acreditada. Hay varias especies distintas de hongos mágicos que contienen el compuesto psicoactivo psilocibina. Las especies más conocidas son Psilocybe cubensis, Psilocybe semilanceata y Psilocybe mexicana. Cada especie tiene sus propias características y efectos únicos, y es importante que las personas sean conscientes de la especie concreta que consumen. Al consumir hongos mágicos, hay que identificarlas adecuadamente y actuar con precaución para garantizar una experiencia segura y positiva.

CONDICIONES ÓPTIMAS DE CULTIVO

Una parte integral del cultivo satisfactorio de hongos mágicos es crear y mantener unas condiciones óptimas. Estas condiciones incluyen un entorno controlado y estéril, el nivel adecuado de humedad, una temperatura apropiada y una iluminación adecuada. Un factor crucial para crear el entorno ideal es garantizar un espacio de trabajo estéril. La presencia de contaminantes puede obstaculizar el crecimiento de los hongos mágicos y dar lugar a malos rendimientos. Por tanto, es necesario esterilizar todo el equipo, incluidos los recipientes de cultivo, los sustratos y las herramientas, antes de introducir las esporas o el micelio. Esto puede hacerse mediante diversos métodos, como utilizar una olla a presión o un agente esterilizante como el peróxido de hidrógeno. Otro aspecto importante de las condiciones óptimas es mantener el nivel adecuado de humedad. Los hongos mágicos prosperan en entornos de humedad elevada, normalmente entre el 80-90%. Esta humedad puede conseguirse utilizando una botella pulverizadora o un humidificador para nebulizar regularmente la zona de cultivo. Es crucial garantizar una ventilación adecuada en el espacio de cultivo para evitar la acumulación de un exceso de humedad, que puede favorecer el crecimiento de mohos y otros contaminantes. La temperatura es otro factor vital en el cultivo de hongos mágicos. Dependiendo de la especie, se requieren distintos rangos de temperatura para un crecimiento y fructificación óptimos. Por ejemplo, la Psilocybe cubensis prefiere una temperatura entre 21-24°C (70-75°F) durante la fase de colonización y temperaturas ligeramente más frías (18-21°C o 65-

70°F) durante la fase de fructificación. Para mantener la temperatura adecuada pueden utilizarse calefactores, aparatos de aire acondicionado o esterillas térmicas con termostato. Proporcionar una iluminación adecuada es crucial para el cultivo de hongos mágicos. La luz es un factor esencial para iniciar o regular el proceso de fructificación. Aunque los hongos mágicos pueden crecer en una oscuridad parcial, necesitan algún tipo de luz para desencadenar el proceso de pinzamiento y fructificación. La luz solar natural es una opción factible, pero también puede utilizarse luz artificial controlada, como luces fluorescentes o LED. Es importante asegurarse de que la fuente de luz no sea demasiado intensa ni esté demasiado cerca del medio de cultivo, ya que esto puede provocar problemas de calor y deshidratación. Para el proceso de fructificación se recomienda crear un ciclo de luz ideal, proporcionando 12 horas de luz seguidas de 12 horas de oscuridad. Cultivar hongos mágicos con éxito requiere una atención precisa a los detalles y la creación de unas condiciones óptimas. Un entorno estéril, el nivel adecuado de humedad, una temperatura apropiada y una iluminación adecuada son factores vitales para lograr un crecimiento y un rendimiento óptimos. Manteniendo la esterilidad, los cultivadores pueden evitar la presencia de contaminantes que puedan impedir el crecimiento de los hongos mágicos. La humedad adecuada puede conseguirse mediante nebulizaciones regulares o el uso de un humidificador, mientras que el control de la temperatura es crucial para cada fase de crecimiento. Proporcionar una iluminación adecuada, natural o artificial, es necesario para iniciar el proceso de fructificación. Combinar estos factores de forma meditada y meticulosa contribuirá al éxito del cultivo de hongos mágicos.

MÉTODOS DE CULTIVO: IMPRESIONES DE ESPORAS, JERINGAS DE ESPORAS, ETC.

Los métodos de cultivo desempeñan un papel crucial en el éxito del cultivo de hongos mágicos. Un método popular es el uso de huellas de esporas, que se producen dejando que los hongos dejen caer sus esporas sobre una superficie limpia. Las huellas de esporas pueden recogerse y utilizarse para inocular un sustrato, como una mezcla de vermiculita y harina de arroz integral. Otro método muy utilizado es la utilización de jeringuillas de esporas, que se llenan con una suspensión de esporas y agua estéril u otro líquido. Las jeringuillas de esporas se inyectan en el sustrato, lo que proporciona un método directo y controlado de inoculación. Ambas técnicas requieren una cuidadosa atención al procedimiento estéril para evitar la contaminación y garantizar el crecimiento de un micelio de hongos sano.

Tras la inoculación, es importante crear las condiciones ideales para el crecimiento del micelio. Esto puede conseguirse mediante el uso de una cámara de fructificación, que proporciona los niveles de humedad, temperatura y luz necesarios para un crecimiento óptimo. Una forma habitual de cámara de fructificación es el terrario de escopeta, que consiste en un recipiente de plástico con agujeros espaciados por los lados. Los agujeros se cubren con un material filtrante, como polyfill, para permitir el intercambio de aire y evitar la contaminación. Dentro del terrario, el sustrato se coloca en rejillas o bandejas y se nebuliza regularmente para mantener altos niveles de humedad. Además de proporcionar las condiciones adecuadas para el crecimiento del micelio, los cultivadores suelen emplear técnicas para inducir la fructificación. Uno de estos métodos se conoce como encamisado, en el que se extiende una capa de material húmedo, como una mezcla de musgo de turba y vermiculita, sobre el sustrato colonizado. Esta capa actúa como cubierta protectora del micelio y proporciona humedad a los hongos en desarrollo. Otra técnica utilizada para inducir la fructificación se conoce como sumergir y enrollar, en la que el sustrato colonizado se sumerge en agua durante un breve periodo antes de enrollarlo en una capa seca, como la vermiculita. Esta técnica ayuda a rehidratar el micelio y estimula la formación de cuerpos fructíferos.

Una vez que los hongos empiezan a formarse, es importante vigilar su crecimiento y recogerlos en el momento adecuado. Hay que dejar que los hongos maduren completamente, pues así se garantiza la máxima potencia y calidad. La recolección suele hacerse retorciendo y arrancando suavemente los hongos del sustrato, con cuidado de no dañar el micelio. Es importante recolectar los hongos antes de que se rompa el velo del sombrero, ya que esto significa el comienzo de la producción de esporas y una disminución de la potencia. Los métodos de cultivo, como las impresiones de esporas y las jeringuillas de esporas, son esenciales para cultivar hongos mágicos con éxito. Estos métodos permiten la inoculación controlada de un sustrato y el crecimiento de micelio sano. Proporcionar las condiciones adecuadas, como humedad y temperatura, y emplear técnicas como el encamisado y el remojo y enrollado, ayuda a inducir la fructificación y a garantizar el desarrollo de hongos de alta calidad. Controlar el crecimiento y recolectar los hongos en el momento adecuado es crucial para obtener la máxima potencia. Siguiendo estos métodos de cultivo, las personas pueden disfrutar de los beneficios y experiencias asociados a los hongos mágicos.

RETOS Y RIESGOS POTENCIALES DEL CULTIVO

El cultivo de hongos mágicos presenta varios retos y riesgos potenciales que los cultivadores deben conocer. Uno de los principales retos es la necesidad de un entorno estéril y controlado. Los hongos mágicos son muy susceptibles a la contaminación, y cualquier contacto con bacterias u otros microorganismos puede arruinar todo el proceso de cultivo. Mantener un entorno estéril requiere una cuidadosa atención a la limpieza y unas técnicas de manipulación adecuadas. Otro reto es el tiempo y la paciencia necesarios para el proceso de cultivo. A diferencia de otros cultivos, los hongos mágicos tardan varias semanas en crecer y desarrollarse. Los cultivadores deben ser constantes con su cuidado y supervisión, asegurándose de que los hongos reciban las condiciones y nutrientes adecuados a lo largo de sus etapas de crecimiento. No pueden pasarse por alto los riesgos potenciales asociados al cultivo de hongos mágicos. Aunque se consideran relativamente seguras en comparación con otras sustancias psicoactivas, los hongos mágicos siguen presentando algunos riesgos. Un riesgo importante es identificar erróneamente los hongos durante el proceso de cultivo. Las distintas especies de hongos pueden tener un aspecto similar, pero algunas pueden ser venenosas o incluso mortales si se consumen. Es crucial que los cultivadores conozcan las especies concretas que cultivan y tomen precauciones para evitar identificarlas erróneamente. Otro riesgo potencial son las implicaciones legales del cultivo de hongos mágicos. En muchos países, incluido Estados Unidos, el cultivo de hongos mágicos es ilegal. Los cultivadores pueden enfrentarse a graves consecuencias legales, incluidas multas y penas de prisión. Es esencial que las personas que se planteen el cultivo estén bien informadas sobre las leyes y normativas de su jurisdicción. Los efectos del consumo de hongos mágicos pueden variar mucho según la persona y la dosis. Aunque muchas personas han informado de experiencias positivas, también ha habido informes de efectos adversos como ansiedad, paranoia y confusión. Los cultivadores deben ser conscientes de estos riesgos potenciales y actuar con precaución al utilizar o distribuir hongos mágicos. Es necesario considerar las implicaciones éticas del cultivo de hongos mágicos. Algunos sostienen que el cultivo comercial de hongos mágicos puede contribuir a la mercantilización y comercialización de una práctica sagrada y tradicional. Otros sostienen que el cultivo y la distribución de hongos mágicos pueden proporcionar una fuente más segura y fiable de la sustancia, reduciendo la dependencia de la recolección de hongos silvestres, que a veces pueden estar mal identificados o contaminados. Estos dilemas éticos requieren una cuidadosa consideración y reflexión por parte de los cultivadores y usuarios de hongos mágicos. El cultivo de hongos mágicos presenta varios retos y riesgos potenciales. Los cultivadores deben establecer un entorno estéril y controlado, conocer la especie específica que cultivan y ser conscientes de las implicaciones legales y éticas. No deben pasarse por alto los riesgos potenciales asociados al consumo de hongos mágicos, incluida la variabilidad de los efectos y la posibilidad de reacciones adversas. Aunque el cultivo de hongos mágicos puede ofrecer oportunidades únicas de crecimiento y exploración personal, es importante abordar el proceso con precaución, respeto y una comprensión profunda de los riesgos que conlleva.

El cultivo, el consumo y la espiritualidad en torno a los hongos mágicos tienen una historia larga y diversa. Desde las civilizaciones antiguas hasta los entusiastas de hoy en día, el encanto de estos hongos psicodélicos ha cautivado a las personas que buscan la iluminación espiritual, el alivio terapéutico o simplemente un estado de conciencia elevado. El cultivo de hongos mágicos se ha extendido gracias a los avances tecnológicos y al creciente interés por formas alternativas de medicina. El consumo de hongos mágicos no debe tomarse a la ligera, ya que sus potentes efectos pueden dar lugar a experiencias tanto positivas como negativas. Aunque el uso de hongos mágicos ha mostrado resultados prometedores en el tratamiento de trastornos mentales, es crucial abordar su consumo con precaución y respeto por sus riesgos y limitaciones potenciales. La legalidad de los hongos mágicos varía mucho en todo el mundo, y las personas deben conocer las leyes y normativas relativas a su consumo y posesión. A pesar de los retos y controversias que rodean a los hongos mágicos, no se puede negar su profundo impacto en la percepción y la conciencia. A medida que se realicen más investigaciones y evolucione la percepción que la sociedad tiene de las sustancias psicodélicas, es probable que los hongos mágicos sigan desempeñando un papel importante en nuestra relación con la espiritualidad, la percepción y la exploración de la mente humana.

III. CONSUMO DE HONGOS

El consumo de hongos mágicos, también conocidos como hongos psilocibios, tiene una larga historia arraigada en prácticas espirituales y recreativas. Estos hongos contienen el compuesto psicoactivo psilocibina, que produce efectos alucinógenos cuando se ingiere. Muchas culturas, sobre todo las comunidades indígenas, han utilizado los hongos mágicos durante siglos como medio para explorar estados alterados de conciencia y conectar con el reino espiritual. En los tiempos modernos, el consumo de hongos mágicos ha ganado popularidad entre ciertas subculturas y personas que buscan la introspección, el crecimiento personal y las experiencias espirituales. Cuando se consumen, los hongos mágicos producen una serie de efectos que pueden variar en función de la tolerancia del individuo, la dosis y la cepa específica de la seta. El inicio de estos efectos suele producirse entre 30 y 60 minutos después de la ingestión y puede durar entre 4 y 8 horas. Los consumidores suelen referir una mayor sensación de percepción, intensas alucinaciones visuales y auditivas, y una percepción temporal alterada. Estos efectos pueden ser a la vez sobrecogedores y desafiantes, y conducen a una profunda autorreflexión e introspección. Cuando se trata de consumir hongos mágicos, la gente emplea distintos enfoques y técnicas. Algunos prefieren consumir los hongos directamente, crudos o secos. Otros optan por preparar un té o brebaje con los hongos, lo que puede ayudar a enmascarar su sabor terroso. Algunas personas optan por moler los hongos secos hasta convertirlos en polvo y encapsularlos, lo que permite una ingestión más cómoda y controlada. Es importante tener en cuenta que la dosis es crucial al consumir hongos mágicos, ya que tomar una dosis demasiado alta puede provocar experiencias abrumadoras y situaciones potencialmente peligrosas. Aparte de su uso recreativo, los hongos mágicos también han llamado la atención por sus posibles beneficios terapéuticos. Estudios recientes han mostrado resultados prometedores en el tratamiento de enfermedades mentales como la depresión, la ansiedad y la adicción. Se ha descubierto que la terapia asistida con psilocibina facilita avances en el procesamiento emocional, promueve la introspección y fomenta la sensación de conexión. Aún es necesario seguir investigando para comprender y validar plenamente estos hallazgos. A pesar de los beneficios potenciales, es esencial reconocer que consumir hongos mágicos conlleva riesgos inherentes y debe abordarse con precaución. La intensidad de las experiencias, combinada con el estado mental alterado, puede hacer que los usuarios sean vulnerables a accidentes o comportamientos perjudiciales. Las personas con enfermedades mentales preexistentes o antecedentes familiares de trastornos psiquiátricos deben extremar la precaución al considerar el consumo de hongos mágicos, ya que pueden ser más susceptibles de sufrir reacciones adversas o un empeoramiento de los síntomas. La normativa legal sobre el consumo de hongos mágicos varía según las jurisdicciones. En algunos países, como Holanda y Brasil, los hongos mágicos están despenalizadas o legalizadas para uso personal, mientras que en otros, como Estados Unidos y la mayor parte de Europa, están clasificadas como sustancias controladas. Las personas que estén considerando el consumo de hongos mágicos deben familiarizarse con el panorama legal y las posibles consecuencias en su región específica.

El consumo de hongos mágicos tiene profundas raíces en prácticas espirituales y recreativas. Estos hongos ofrecen una experiencia única y profunda, capaz de inducir alucinaciones visuales y auditivas, alterar la percepción y fomentar la introspección. Aunque encierran beneficios terapéuticos potenciales, hay que tener precaución debido a los riesgos que entrañan. Comprender la dosis, las consideraciones de salud mental y las normas legales es crucial para quienes estén interesados en explorar el consumo de hongos mágicos.

USO HISTÓRICO Y CULTURAL DE LOS HONGOS

El uso histórico y cultural de los hongos mágicos abarca diversas civilizaciones y épocas. Desde los antiguos rituales y prácticas espirituales hasta el uso recreativo contemporáneo, estos hongos han ocupado un lugar importante en la sociedad humana. En las culturas indígenas, los hongos mágicos han desempeñado un papel fundamental en las ceremonias religiosas y curativas, en las que se creía que conectaban a las personas con el reino espiritual y facilitaban la comunicación con los antepasados o las deidades. Los aztecas y los mayas consideraban sagrados los hongos y los incorporaron a sus ceremonias religiosas, asociándolos a menudo con poderes y visiones divinas. Del mismo modo, en la religión hindú, se cree que los hongos son la manifestación física del dios de la creación, y a menudo se utilizan en rituales y ofrendas. A lo largo de la historia, los hongos mágicos también se utilizaron por sus propiedades psicoactivas, documentadas en textos y literatura. El uso de hongos con fines recreativos se remonta a la antigua Grecia, donde se consumían durante los Misterios de Eleusis, un festival religioso secreto que implicaba experiencias psicodélicas. Los filósofos griegos, como Plinio el Viejo, escribieron sobre los efectos alucinógenos de los hongos y su capacidad para inducir estados alterados de conciencia.

En el siglo XX resurgió el interés por los hongos mágicos, sobre todo en las décadas de 1960 y 1970, cuando se hicieron populares entre los movimientos contraculturales, incluidos los hippies. Influenciados por las experiencias psicodélicas y los escritos de figuras como Timothy Leary, los personas intentaron explorar el potencial de expansión mental de los hongos. En esta época también surgieron investigaciones sobre el potencial terapéutico de la psilocibina, el principio activo de los hongos mágicos, para tratar trastornos mentales. Hoy en día, el uso cultural y la percepción de los hongos mágicos siguen evolucionando. Mientras que algunas sociedades han adoptado su potencial de aplicación terapéutica, otras mantienen restricciones legales y las consideran únicamente drogas recreativas. Recientes investigaciones científicas sobre los beneficios de la psilocibina han mostrado resultados prometedores en el tratamiento de afecciones como la depresión, la ansiedad y la adicción. Se están haciendo esfuerzos para despenalizar o legalizar el uso de hongos mágicos con fines terapéuticos, con ciudades como Denver y Oakland en Estados Unidos a la cabeza. Es importante señalar que el consumo de hongos mágicos no está exento de riesgos. Como cualquier sustancia psicoactiva, pueden inducir efectos impredecibles y tener posibles reacciones adversas, sobre todo para las personas con trastornos mentales subyacentes. La legalidad de los hongos mágicos varía según las jurisdicciones, y su posesión o distribución puede acarrear consecuencias legales. El uso histórico y cultural de los hongos mágicos es un testimonio de su importancia duradera en la sociedad humana. Desde las antiguas prácticas espirituales hasta la investigación terapéutica contemporánea, estos hongos han cautivado nuestra imaginación colectiva y han impulsado la exploración de la conciencia y la espiritualidad. A medida que se realicen más investigaciones y evolucionen las perspectivas sociales, el futuro de los hongos mágicos puede deparar nuevas perspectivas sobre sus beneficios y riesgos potenciales. Los marcos jurídicos y normativos tendrán que adaptarse para dar cabida a estos avances, garantizando tanto la seguridad como el uso responsable de estos fascinantes hongos.

VARIOS MÉTODOS DE CONSUMO: CRUDO, SECO, PREPARADO COMO TÉ, ETC.

Existen varios métodos de consumo de hongos mágicos, lo que permite a cada persona elegir el más adecuado a sus preferencias y necesidades. El método más común es consumir los hongos en su forma cruda, lo que implica comerlos directamente. Este método es cómodo y sencillo, y requiere una preparación mínima. Los hongos mágicos crudas tienen un sabor fuerte e inconfundible que a algunas personas puede resultarles desagradable. Para enmascarar el sabor, algunas personas optan por mezclar los hongos con otros alimentos o incorporarlos a recetas. Otro método popular de consumo es secar los hongos. Los hongos mágicos secas pueden almacenarse fácilmente y utilizarse durante mucho tiempo, lo que las convierte en la opción preferida de quienes desean disponer de un suministro inmediato. El secado de los hongos también reduce su volumen, lo que facilita su transporte. Una vez secas, los hongos se pueden moler hasta convertirlas en polvo y encapsularlas para facilitar su consumo. Este método es especialmente atractivo para las personas a las que no les gusta el sabor y la textura de los hongos crudos. Los hongos mágicos secas pueden prepararse como té, un método que combina los beneficios del consumo de los hongos con los efectos relajantes y calmantes del té. Para preparar el té de hongos, los hongos secos se hierven en agua durante unos 20 minutos, tras lo cual se cuela el líquido. El té resultante puede consumirse tal cual o mezclarse con otros sabores para mejorar el gusto. Preparar té de hongos mágicos no sólo ayuda a enmascarar el sabor, sino que también facilita al organismo la digestión de los compuestos activos, lo que puede acelerar la aparición de los efectos. Aparte de estos métodos más convencionales, algunas personas optan por incorporar los hongos mágicos a otros productos, como chocolates o caramelos. Esto permite un consumo discreto y puede ayudar a enmascarar el sabor y la textura. Estos productos comestibles suelen elaborarse infundiendo los hongos en los ingredientes durante el proceso de cocción o fabricación. De este modo, las personas pueden disfrutar de los efectos de los hongos mágicos de una forma más placentera y accesible. Es importante señalar que, independientemente del método de consumo elegido, se debe tener precaución. Los hongos mágicos contienen psilocibina, un potente compuesto psicoactivo que puede inducir experiencias alucinatorias y alterar la percepción. Los efectos de los hongos mágicos pueden variar según el individuo, la dosis consumida y el entorno en el que se ingieren. Es crucial abordar el consumo con conocimiento, moderación y comprensión de los límites personales. La legalidad de los hongos mágicos varía según los países y las regiones. Mientras que en algunos lugares se ha despenalizado o legalizado el consumo de hongos mágicos, en otras zonas pueden seguir clasificándose como sustancias ilegales. Es importante conocer las implicaciones legales y los riesgos asociados al consumo de hongos mágicos. Los diversos métodos de consumo disponibles para los hongos mágicos ofrecen a las personas la flexibilidad de elegir el método que mejor se adapte a sus necesidades y preferencias. Ya se consuman crudas, desecadas, preparadas como té o incorporadas a otros productos, los hongos mágicos ofrecen toda una gama de experiencias y efectos. Como ocurre con cualquier sustancia psicoactiva, el

consumo debe abordarse de forma responsable y con conocimiento de los riesgos potenciales y las consideraciones legales.

EFECTOS DE LOS DISTINTOS MÉTODOS DE CONSUMO EN LA INTENSIDAD Y DURACIÓN DEL VIAJE

Los efectos de los distintos métodos de consumo sobre la intensidad y duración del viaje varían significativamente. Un método habitual de consumir hongos mágicos es simplemente comerlos. Cuando se ingieren, los compuestos de psilocibina presentes en los hongos son descompuestos por el sistema digestivo del organismo y convertidos en psilocina, el compuesto activo que produce los efectos alucinógenos. El viaje suele comenzar entre 30 y 60 minutos después de la ingestión y puede durar entre 4 y 6 horas. La intensidad y la duración pueden variar en función de factores como la potencia de los hongos, el metabolismo individual y el peso de la persona. Otro método de consumo es la infusión de hongos mágicos. Este método consiste en cocer a fuego lento los hongos en agua, solos o con otros ingredientes, como zumo de limón o jengibre, para potenciar los efectos. El té puede consumirse directamente o colando los hongos. A menudo se cree que preparar los hongos mágicos en té acorta el tiempo de aparición de los efectos, que se dejan sentir en 15 o 30 minutos. El viaje también puede parecer más intenso y alcanzar su punto máximo más rápidamente, pero la duración puede reducirse, durando unas 3 o 4 horas. Una ventaja de este método es que puede reducir las probabilidades de experimentar náuseas o molestias estomacales, que pueden ser frecuentes al consumir hongos crudos. Fumar hongos mágicos es otro método de consumo, aunque no es tan habitual. Este método consiste en triturar los hongos hasta convertirlos en polvo o secarlos y enrollarlos en un porro o una pipa para inhalarlos. Fumar hongos mágicos evita el sistema digestivo, lo que permite una aparición más rápida de los efectos. El viaje puede empezar casi inmediatamente después de la inhalación, y la intensidad puede ser extremadamente fuerte. La duración del viaje se acorta significativamente, durando entre 1 y 2 horas. Este método no se recomienda debido a los riesgos potenciales para los pulmones y a la dificultad de controlar con precisión la dosis. La microdosificación es un método relativamente nuevo de consumir hongos mágicos. Consiste en tomar pequeñas dosis de hongos a diario o cada pocos días, normalmente equivalentes a una décima parte de una dosis recreativa. Se cree que la microdosificación ofrece diversos beneficios, como el aumento de la creatividad, la concentración y la mejora del estado de ánimo, sin producir los efectos alucinógenos asociados a un viaje completo. Los efectos de la microdosificación son sutiles y pueden durar entre 6 y 8 horas. Los efectos de los distintos métodos de consumo sobre la intensidad y duración del viaje son variados. Comer hongos mágicos es el método tradicional y proporciona un viaje de duración e intensidad moderadas. Preparar hongos mágicos en té puede ofrecer un inicio más rápido y un pico más intenso, pero con una duración más corta. Fumar hongos mágicos produce un viaje inmediato y muy intenso, pero con una duración significativamente menor. La microdosificación, por otra parte, proporciona una experiencia sutil que dura un período prolongado. Es esencial considerar los riesgos y beneficios potenciales asociados a cada método y tomar una decisión informada basada en las preferencias e intenciones personales.

FACTORES QUE INFLUYEN EN LA DOSIS

Un factor importante que influye en la dosis es el peso corporal y el metabolismo del individuo. Es bien sabido que las sustancias afectan a los personas de forma diferente en función de su peso y tasa de metabolismo. En lo que respecta a los hongos mágicos, el compuesto psicoactivo psilocibina es metabolizado en psilocina por las enzimas del hígado. Los personas con un metabolismo más rápido pueden tener una conversión más rápida de la psilocibina en psilocina, lo que conduce a un inicio más rápido de los efectos y a una duración más corta de la acción. Por el contrario, los personas con un metabolismo más lento pueden experimentar un inicio prolongado de los efectos y una mayor duración de la acción. El peso corporal también puede influir en la intensidad del viaje. En general, se sugiere que los personas con un peso corporal más elevado pueden necesitar una dosis mayor para experimentar los efectos deseados. Es importante señalar que el peso corporal por sí solo no debe ser el único factor determinante de la dosis, ya que también entran en juego otros factores. Otro factor que influye en la dosis es la potencia y la variedad de los hongos. Las distintas variedades de hongos mágicos contienen niveles variables de psilocibina, lo que afecta directamente a su potencia. Algunas cepas pueden tener una mayor concentración de psilocibina, mientras que otras pueden tener una concentración menor. Por consiguiente, las personas que consumen una cepa más potente pueden necesitar una dosis menor para conseguir los efectos deseados, mientras que las que consumen una cepa menos potente pueden necesitar una dosis mayor. Esto subraya la importancia de conocer la cepa y la potencia de los hongos antes de determinar la dosis adecuada.

Los factores psicológicos pueden influir significativamente en la dosis necesaria para obtener un efecto deseado. El entorno en el que se consumen los hongos desempeña un papel crucial en la configuración de la experiencia psicodélica. El conjunto se refiere al estado psicológico y emocional del individuo, mientras que el entorno se refiere al ambiente físico y social. Las investigaciones sugieren que los personas que se encuentran en un estado mental positivo y relajado tienen más probabilidades de tener una experiencia positiva y transformadora con los hongos mágicos. Por otra parte, las personas ansiosas o con antecedentes de problemas de salud mental pueden necesitar una dosis menor para evitar experiencias abrumadoras o desencadenar emociones negativas. Es esencial que las personas sean conscientes de su estado psicológico y del entorno en el que consumen hongos mágicos, ya que estos factores pueden influir significativamente en la dosis necesaria para un viaje seguro, beneficioso y agradable. Varios factores pueden influir en la dosis de hongos mágicos. El peso corporal y el metabolismo pueden influir en el inicio y la duración de los efectos; las personas con metabolismos más rápidos experimentan un inicio más rápido y una duración más corta. La potencia y la cepa de los hongos también desempeñan un papel importante, ya que las cepas más potentes requieren dosis menores para obtener los efectos deseados. Los factores psicológicos, como el entorno y el ambiente, pueden influir en la dosis necesaria para una experiencia positiva; las personas con un estado de ánimo positivo y un entorno propicio necesitan dosis más bajas. Es crucial que las personas tengan en cuenta estos factores y realicen un consumo responsable para garantizar una experiencia segura y satisfactoria con los hongos mágicos.

El consumo de hongos mágicos en un contexto espiritual y ritual tiene una larga historia. Las tradiciones chamánicas de las culturas indígenas de América, como la mazateca de México y la waorani de Ecuador, han utilizado durante siglos hongos que contienen psilocibina como medio de comunicarse con lo divino y adquirir conocimientos medicinales. En estas ceremonias, el uso de hongos mágicos se considera una forma de conectar con el reino espiritual y obtener una visión de la naturaleza de la realidad. Los mazatecos, por ejemplo, creen que ingerir hongos mágicos les permite comunicarse con los espíritus y recibir orientación para las prácticas curativas. Del mismo modo, los waorani ven estos hongos como una herramienta de adivinación, que les permite comprender las intenciones de los espíritus y predecir acontecimientos futuros. Estas prácticas espirituales ponen de relieve el profundo impacto que los hongos mágicos pueden tener en la percepción y comprensión del mundo, así como el potencial de crecimiento personal y colectivo. Además de sus usos espirituales, los hongos mágicos también se han estudiado por su potencial terapéutico. Investigaciones recientes han mostrado resultados prometedores en el tratamiento de diversas afecciones mentales, como la depresión, la ansiedad y la adicción. Se ha descubierto que la psilocibina, el principal compuesto psicoactivo de los hongos mágicos, activa las vías neuronales asociadas con el estado de ánimo positivo y el bienestar emocional. Esta activación puede provocar un profundo cambio de perspectiva y una reducción de los síntomas de la depresión y la ansiedad. Los estudios han demostrado que la terapia asistida con psilocibina puede ayudar a las personas a superar patrones de conducta adictiva, proporcionándoles una nueva perspectiva sobre su relación con las sustancias y fomentando una sensación de asombro y conexión. El potencial terapéutico de los hongos mágicos se está explorando actualmente en entornos clínicos, con estudios en curso que examinan su eficacia y seguridad. Es importante señalar que estos estudios se realizan en condiciones controladas con profesionales formados, y que no se recomienda la autoadministración de hongos mágicos con fines terapéuticos.

A pesar de los beneficios potenciales, el consumo de hongos mágicos conlleva riesgos. El riesgo más importante es la posibilidad de un mal viaje, que puede implicar sentimientos de paranoia, ansiedad y confusión. Esto puede ser especialmente angustioso para las personas que no están preparadas o no tienen experiencia con las sustancias psicodélicas. El consumo de hongos mágicos puede conducir a una pérdida de control y a un deterioro de la capacidad de discernimiento, lo que aumenta el riesgo de accidentes y comportamientos peligrosos. Por lo tanto, es esencial abordar su consumo con precaución y en un entorno seguro y controlado. Merece la pena señalar que los hongos mágicos son ilegales en muchos países, con graves consecuencias legales por su posesión, cultivo y venta. Este estatus legal pone de relieve la necesidad de tomar decisiones responsables e informadas cuando se trata del consumo de hongos mágicos.

Los hongos mágicos tienen una rica historia de uso en ceremonias espirituales y rituales, proporcionando a los personas un medio de conexión con lo divino y cultivando el crecimiento personal. También son prometedoras como herramienta terapéutica, con investigaciones que indican su potencial en el tratamiento de enfermedades mentales. Su consumo conlleva riesgos, como la posibilidad de un mal viaje y la pérdida de control. Su estatus legal en muchos países hace que la toma de decisiones responsable sea primordial. Mientras la comunidad científica sigue explorando el potencial de los hongos mágicos, es crucial abordar su consumo con precaución y respeto por sus poderosos efectos.

IV. ESPIRITUALIDAD Y PERCEPCIÓN

Se ha informado de que las experiencias espirituales inducidas por los hongos mágicos alteran la percepción de la realidad y conducen a una nueva comprensión de uno mismo y del mundo. Estas experiencias se describen a menudo como místicas o trascendentales, y los personas se sienten conectados a algo más grande que ellos mismos. En su estudio sobre el potencial terapéutico de la psilocibina, Griffiths et al. (2008) descubrieron que la mayoría de los participantes manifestaron una sensación de unidad e interconexión durante su sesión de psilocibina, y algunos incluso describieron una profunda experiencia de unidad cósmica. Este cambio de percepción puede tener un profundo impacto en la comprensión del individuo sobre la naturaleza de la realidad y su lugar en ella. Los participantes en estos estudios describen a menudo una sensación de asombro y maravilla, sintonizando más con la belleza y la interconexión del mundo que les rodea. Esta percepción alterada puede conducir a profundas percepciones espirituales y a un mayor sentido y propósito de la vida. Se ha descubierto que las experiencias espirituales facilitadas por los hongos mágicos aumentan la sensación de bienestar, el crecimiento personal y la satisfacción vital en general. En un estudio cualitativo que exploraba los efectos a largo plazo del consumo de hongos mágicos, Sessa et al. (2020) descubrieron que los participantes declararon efectos positivos duraderos en su salud mental y su bienestar. Los participantes describieron un nuevo aprecio por la vida y un deseo de realizar cambios positivos en sus vidas y relaciones. Estas experiencias suelen dar lugar a un aumento de la compasión, la empatía y la sensación de interconexión con los demás. Este cambio de perspectiva puede conducir a una mayor sensación de plenitud y satisfacción en la vida, ya que los personas se alinean más con sus propios valores y propósitos. Aunque las experiencias espirituales inducidas por los hongos mágicos pueden ser transformadoras y positivas, es importante reconocer que también pueden ser desafiantes y potencialmente angustiosas. El consumo de hongos mágicos puede conducir a lo que suele denominarse un "mal viaje", caracterizado por un miedo intenso, ansiedad y confusión. Estas experiencias pueden ser difíciles de superar y pueden requerir el apoyo de un profesional formado o de un guía experimentado. La investigación ha demostrado que estas experiencias desafiantes, cuando se gestionan y apoyan adecuadamente, pueden tener beneficios terapéuticos duraderos (Griffiths et al., 2016). Esto sugiere que los riesgos potenciales asociados al consumo de hongos mágicos pueden mitigarse creando un entorno seguro y de apoyo, en el que las personas se sientan cómodas explorando las profundidades de su propia psique. El cultivo, consumo y uso espiritual de los hongos mágicos tienen una larga historia y siguen interesando a estudiosos, psicólogos y buscadores espirituales por igual. La exploración de la experiencia psicodélica tiene el potencial de ofrecer profundos conocimientos sobre la naturaleza de la conciencia, el yo y el mundo que nos rodea. Las experiencias espirituales inducidas por los hongos mágicos pueden alterar la percepción de la realidad, conduciendo a una nueva comprensión de uno mismo y de la interconexión de todas las cosas. Estas experiencias tienen el potencial de aumentar el bienestar, el crecimiento personal y la satisfacción vital general. Es crucial reconocer y abordar los riesgos potenciales asociados al consumo de hongos mágicos, garantizando que las personas tengan acceso a los recursos y el apoyo que necesitan para vivir estas experiencias de forma segura y responsable. Mediante la investigación y la exploración continuas, podemos seguir descubriendo el potencial terapéutico y el significado espiritual de estas poderosas sustancias.

USOS TRADICIONALES Y AUTÓCTONOS DE LOS HONGOS CON FINES ESPIRITUALES

Además de los usos tradicionales e indígenas de los hongos mágicos para la curación y la adivinación, también se han empleado con fines espirituales a lo largo de la historia. Muchas tribus indígenas creían que los hongos mágicos poseían una naturaleza sagrada y servían como medio de comunicación con el reino espiritual. Por ejemplo, en México, los aztecas se referían a los hongos mágicos como teonanácatl, que se traduce como "carne de los dioses". Creían que consumir estos hongos les permitiría comunicarse con las deidades y recibir mensajes del mundo espiritual. Del mismo modo, en Siberia, el uso de hongos mágicos estaba intrincadamente entretejido en los rituales chamánicos de las tribus indígenas. Los chamanes consumían estos hongos para entrar en un estado de trance y conectar con los espíritus, acceder a la conciencia colectiva y comprender el pasado y el futuro. El pueblo mazateco de México sigue utilizando hongos mágicos en sus ceremonias religiosas. Creen que ingiriendo los hongos pueden acceder a lo divino y recibir orientación para el crecimiento personal y la curación. Estos usos espirituales de los hongos mágicos revelan su antigua importancia como herramienta para conectar con lo sagrado y explorar estados superiores de conciencia.

CONEXIÓN ENTRE LOS HONGOS Y LOS ESTADOS ALTERADOS DE CONCIENCIA

Los hongos mágicos, también conocidas como hongos psilocibios, han sido reconocidas por su capacidad para inducir estados alterados de conciencia. La conexión entre los hongos mágicos y los estados alterados de conciencia reside en el compuesto químico psilocibina, que se encuentra de forma natural en estos hongos. La psilocibina es una sustancia psicodélica que interactúa con los receptores de serotonina del cerebro, provocando profundos cambios en la percepción, la cognición y las experiencias emocionales. Cuando se consume, la psilocibina se metaboliza en psilocina, que aumenta la actividad del córtex prefrontal, una región asociada con la conciencia consciente y la autorreflexión. Esta mayor actividad del córtex prefrontal conduce a una relajación de los límites entre el yo y el mundo exterior, lo que da lugar a una sensación de interconexión y unidad. La psilocina también afecta a la red de modos por defecto (DMN), una red de regiones cerebrales responsables del pensamiento autorreferencial y la divagación mental. La DMN suele estar activa durante el descanso despierto y la ensoñación, pero la psilocina amortigua su actividad, lo que provoca una disolución del ego y una percepción alterada del tiempo y el espacio. Los estudios han demostrado que la psilocibina puede inducir experiencias místicas, caracterizadas por una sensación de asombro, maravilla y estados trascendentes de conciencia. Estas experiencias suelen describirse como inefables, lo que significa que no pueden transmitirse adecuadamente sólo con palabras. Los participantes en estos estudios informan a menudo de una profunda sensación de unidad con toda la existencia, una disolución del yo y una profunda comprensión de la interconexión. Estos estados alterados de conciencia han sido fundamentales en las prácticas religiosas y espirituales de diversas culturas a lo largo de la historia. Las sociedades indígenas, como las de Mesoamérica o la selva amazónica, han utilizado los hongos mágicos durante siglos como medio de comunicarse con lo divino y obtener comprensión y orientación. En la sociedad contemporánea, el uso recreativo y terapéutico de los hongos mágicos ha ganado popularidad, con personas que buscan explorar las profundidades de su propia mente y obtener una mayor comprensión de sí mismos y del mundo que les rodea. La investigación sobre el potencial terapéutico de la terapia asistida con psilocibina ha mostrado resultados prometedores en el tratamiento de diversos trastornos mentales, como la depresión, la ansiedad y la adicción. Los estados alterados de conciencia inducidos por los hongos mágicos pueden permitir a las personas adquirir nuevas perspectivas, enfrentarse a emociones reprimidas y experimentar una sensación de interconexión y compasión. El consumo de hongos mágicos en estos entornos terapéuticos está cuidadosamente guiado y supervisado, lo que garantiza un entorno seguro y de apoyo para la persona. Cabe señalar que el consumo de hongos mágicos también puede conllevar riesgos y posibles efectos adversos. Éstos pueden incluir emociones intensas, alucinaciones desagradables y experiencias de disolución del ego que pueden resultar angustiosas para algunos personas. El consumo de hongos psilocibios puede provocar efectos secundarios físicos como náuseas y aumento del ritmo cardíaco. El uso responsable y la toma de decisiones informadas son cruciales cuando se consumen estas sustancias. La conexión entre los hongos mágicos y los estados alterados de conciencia reside en el compuesto químico psilocibina, que interactúa con los receptores de serotonina del cerebro. Esta interacción provoca profundos cambios en la percepción, la cognición y las experiencias emocionales, permitiendo a los personas entrar en estados alterados de conciencia caracterizados por una disolución del ego, una percepción alterada del tiempo y el espacio, y una sensación de interconexión. Estas experiencias han sido fundamentales en las prácticas religiosas y espirituales a lo largo de la historia y han cobrado interés en la sociedad contemporánea por sus posibles beneficios terapéuticos. Es importante abordar el consumo de hongos mágicos de forma responsable y siendo consciente de los riesgos potenciales que conlleva.

PERCEPCIÓN DEL TIEMPO, EL ESPACIO, LAS EMOCIONES Y LOS SENTIDOS DURANTE UN VIAJE

La percepción del tiempo, el espacio, las emociones y los sentidos durante un viaje se altera profundamente al consumir hongos mágicos. El tiempo, que suele ser un concepto objetivo regido por relojes y calendarios, se vuelve distorsionado y escurridizo durante una experiencia psicodélica. Los minutos pueden parecer horas y las horas minutos. El paso del tiempo parece perder importancia mientras la mente vaga por un laberinto de pensamientos y sensaciones. Del mismo modo, el espacio se convierte en una construcción mutable bajo la influencia de la psilocibina. Los límites entre uno mismo y el mundo exterior se difuminan, lo que conduce a una sensación de interconexión y unidad con el entorno. Esta disolución de los límites espaciales puede ser a la vez estimulante y desorientadora, abriendo un mundo de posibilidades y perspectivas que de otro modo no serían accesibles. También las emociones experimentan una profunda transformación durante un viaje. Sentimientos que pueden haber estado suprimidos o reprimidos pasan a primer plano, exigiendo atención y reconocimiento. Esto puede dar lugar a una mayor sensibilidad emocional y a un profundo viaje introspectivo hacia la propia psique. La alegría y el éxtasis pueden experimentarse con una intensidad sin igual, pero también el miedo y la ansiedad. La montaña rusa emocional que sobreviene puede ser a la vez terapéutica y desafiante, y ofrece una oportunidad para la autorreflexión y el crecimiento personal. Los sentidos también se agudizan durante un viaje de hongos mágicos. Los colores se vuelven más vibrantes, los sonidos más melódicos y el tacto más sensual. El mundo se convierte en un patio de recreo sensorial, en el que cada sentido despierta a nuevos ámbitos de percepción. Esta amplificación de los sentidos puede resultar a veces abrumadora, ya que incluso los estímulos más pequeños pueden crear experiencias profundas. Por ejemplo, el sabor y la textura de la comida pueden elevarse a un nivel sublime, evocando sensaciones de éxtasis y conexión con el mundo natural. La percepción alterada del tiempo, el espacio, las emociones y los sentidos durante un viaje con hongos mágicos tiene implicaciones significativas para las personas que participan en esta experiencia transformadora. Desafía las nociones convencionales de la realidad y ofrece una visión de una existencia más expansiva e interconectada. Esta conciencia ampliada puede conducir a nuevas percepciones, creatividad y experiencias espirituales. Es crucial abordar estas experiencias con precaución y respeto, comprendiendo los riesgos potenciales y garantizando un entorno seguro y propicio. Es esencial reconocer que los efectos de los hongos mágicos varían mucho de una persona a otra, y su uso responsable es primordial. Al comprender y explorar los profundos cambios de percepción que pueden producirse durante una experiencia psicodélica, podemos obtener una mayor comprensión de las complejidades de la mente humana y desbloquear el potencial de crecimiento personal y exploración espiritual. Los hongos mágicos se han utilizado durante siglos como herramientas de curación, autodescubrimiento e iluminación espiritual. Al profundizar en los temas del cultivo, el consumo, la espiritualidad y la percepción, podemos adquirir una comprensión más profunda de estos fascinantes hongos y de los profundos efectos que tienen en nuestra conciencia. Con este conocimiento, podemos entablar debates informados sobre los riesgos, beneficios y ética de su consumo y, potencialmente, allanar el camino para una mayor investigación e integración de las terapias y tratamientos psicodélicos.

PERCEPCIONES Y EXPERIENCIAS ESPIRITUALES RELATADAS POR PERSONAS

Las percepciones y experiencias espirituales relatadas por personas que han consumido hongos mágicos han sido un foco importante de investigación en el campo de los psicodélicos. Estas sustancias han sido utilizadas durante siglos por diversas culturas indígenas por su supuesta capacidad para inducir profundos estados alterados de conciencia. Muchos consumidores han relatado experiencias que describen como místicas o espirituales, en las que sienten una profunda conexión con algo superior a ellos mismos. Las percepciones comunicadas van desde revelaciones personales y una mayor conciencia de uno mismo hasta un sentimiento de unidad con el universo y una disolución del ego. Estas experiencias suelen provocar un profundo cambio de perspectiva y visión del mundo, y los usuarios informan de una mayor sensación de sentido y propósito en sus vidas. Algunas personas incluso han relatado experiencias místicas comparables a despertares religiosos o espirituales, que les han llevado a una nueva apreciación de las cuestiones existenciales y a una reevaluación de sus valores y creencias. Un tema común que surge de estas experiencias es la sensación de interconexión. Los usuarios a menudo afirman sentir una conexión profunda y profunda no sólo con otros seres humanos, sino también con la naturaleza y el cosmos. Este sentimiento de unidad a menudo conduce a una mayor apreciación del mundo natural y a un renovado sentido de la responsabilidad medioambiental. Muchas personas afirman que sus experiencias con hongos mágicos les han infundido un sentimiento de asombro y reverencia ante la belleza y la interconexión de todos los seres vivos, lo que les ha llevado a un mayor deseo de proteger y preservar el planeta. Otra percepción de la que suelen informar los consumidores es un mayor sentido de la empatía y la compasión. Muchas personas describen una mayor capacidad para comprender a los demás y conectar con ellos a un nivel emocional profundo. Esta empatía recién descubierta a menudo conduce a un deseo de cultivar relaciones más significativas y auténticas y a un mayor sentido de la responsabilidad social. Los consumidores también pueden manifestar un mayor sentimiento de gratitud y aprecio por las personas y experiencias de su vida, lo que conduce a una mayor sensación de bienestar y felicidad general. Las experiencias espirituales inducidas por los hongos mágicos también pueden tener un profundo impacto en el sentido de uno mismo. Muchas personas informan de una disolución del ego, en la que sienten una sensación de unidad e interconexión con todo lo que les rodea. Esta disolución del ego suele conducir a una disminución de la autoimportancia y a un mayor sentido de la humildad. Los usuarios pueden afirmar que sienten un propósito y una dirección renovados en sus vidas, así como una mayor capacidad para desprenderse de patrones de pensamiento y apegos negativos. Aunque estas percepciones y experiencias espirituales son subjetivas por naturaleza, ponen de relieve el potencial transformador de los hongos mágicos como herramienta de crecimiento personal y autoexploración. El impacto profundo y duradero de estas experiencias puede provocar cambios positivos en el bienestar psicológico y la satisfacción vital general. Es importante abordar el consumo de hongos mágicos con precaución y en el contexto adecuado, ya que los efectos pueden variar mucho de una persona a otra. Los factores culturales, sociales y legales pueden influir en la forma en que los personas interpretan e integran estas experiencias en sus vidas. A medida que los investigadores sigan explorando el potencial terapéutico de los hongos mágicos, surgirá sin duda una comprensión más profunda de estas percepciones y experiencias espirituales declaradas, que arrojará luz sobre la intrincada relación entre los psicodélicos, la espiritualidad y la conciencia humana. El consumo de hongos mágicos también se ha relacionado con diversas experiencias espirituales y estados alterados de conciencia. Muchas culturas indígenas han utilizado estos hongos durante miles de años en ceremonias religiosas y espirituales. Por ejemplo, el pueblo mazateco de México tiene una larga historia de uso de hongos de psilocibina como medio de comunicarse con lo divino y obtener percepciones espirituales. Los hongos suelen consumirse durante rituales dirigidos por chamanes, que guían a los participantes a través de sus experiencias psicodélicas, ayudándoles a navegar por las profundidades de sus mentes y a conectar con el reino espiritual. Estas experiencias se describen a menudo como increíblemente profundas y transformadoras, y los personas afirman tener sentimientos de unidad con todas las cosas, trascendencia del tiempo y el espacio, y una profunda sensación de asombro y maravilla. Algunos afirman incluso haber encontrado seres o entidades divinos durante sus viajes. Sin embargo, estas experiencias espirituales no se limitan a las culturas indígenas. Muchas personas de sociedades occidentales también han relatado experiencias similares tras consumir hongos mágicos. Estas experiencias pueden tener un profundo impacto en la vida de una persona, provocando un aumento de los sentimientos de conexión, empatía y una sensación general de bienestar. También pueden ser decisivas para el crecimiento personal y el autodescubrimiento, ya que los personas adquieren nuevas perspectivas y percepciones de sus propias vidas y del mundo que les rodea. Es importante tener en cuenta que estas experiencias pueden variar mucho de una persona a otra y dependen de diversos factores, como la dosis, el escenario y el entorno, y los rasgos de personalidad individuales. Es crucial que las personas aborden el consumo de hongos mágicos con precaución y respeto, ya que tienen el potencial de inducir experiencias poderosas y a veces abrumadoras. Además de sus efectos espirituales y psicológicos, también se ha descubierto que los hongos mágicos tienen potencial terapéutico. Las investigaciones realizadas en los últimos años han sugerido que la psilocibina, el compuesto activo de los hongos mágicos, puede ser eficaz para tratar trastornos mentales como la depresión, la ansiedad y la adicción. Los estudios han demostrado que la psilocibina puede ayudar a las personas a superar sentimientos de desesperanza y ansiedad, y proporcionarles una nueva perspectiva y motivación para el cambio. De hecho, los resultados de algunos estudios han sido tan prometedores que la Administración de Alimentos y Medicamentos (FDA) ha concedido la designación de "terapia innovadora" a la terapia asistida con psilocibina para el tratamiento de la depresión. Esta designación reconoce el potencial de la psilocibina para proporcionar una mejora significativa respecto a los tratamientos existentes y agilizar su desarrollo y proceso de revisión. Aunque la investigación en este campo está aún en sus primeras fases, estos hallazgos son muy prometedores para el futuro del tratamiento de la salud mental. Es importante señalar que el uso terapéutico de los hongos mágicos sólo debe realizarse bajo la orientación y supervisión de profesionales capacitados. Los posibles beneficios terapéuticos de los hongos mágicos no deben eclipsar los riesgos y peligros potenciales asociados a su consumo. El consumo de hongos mágicos puede provocar una serie de efectos secundarios físicos y psicológicos, como náuseas, vómitos, ansiedad, ataques de pánico y psicosis. Además, las personas con antecedentes personales o familiares de trastornos mentales, como la esquizofrenia o el trastorno bipolar, deben extremar las precauciones al considerar el consumo de hongos mágicos. Es crucial conocer la situación legal y reglamentaria de los hongos mágicos en la jurisdicción de cada uno, ya que su posesión, cultivo y venta son ilegales en muchos países.

V. GUÍAS O CUIDADORES DE VIAJE

Los guías o cuidadores de viaje, conocidos por trip sitters, desempeñan un papel crucial en el uso seguro y eficaz de los hongos mágicos. Su presencia garantiza que las personas que utilizan el psicodélico reciban el apoyo y la orientación necesarios a lo largo de su viaje. Un guía, también conocido como cuidador, es alguien con experiencia en el ámbito psicodélico y que puede ayudar al usuario a navegar por la experiencia psicodélica, a menudo desafiante e intensa. Pueden actuar como fuente de tranquilidad y consuelo, ayudando a enraizar al individuo y proporcionándole una sensación de seguridad. El papel de un guía va más allá de la mera presencia física. Son conocedores de los efectos y riesgos asociados al consumo de hongos mágicos, lo que les permite ofrecer información precisa e informada al usuario. Esto puede incluir explicar los posibles efectos psicológicos y fisiológicos de la droga, así como discutir cualquier posible riesgo o contraindicación. Al conocer a fondo estos factores, los guías pueden asegurarse de que el usuario esté bien informado y preparado para su viaje. Los guías pueden ofrecer apoyo emocional durante el viaje. Están en sintonía con los estados emocionales y psicológicos del usuario y pueden orientarle cuando se enfrente a emociones difíciles o abrumadoras. Su presencia puede ayudar al individuo a sentirse seguro y apoyado, reduciendo la probabilidad de experimentar ansiedad o pánico durante el viaje. Los guías pueden ayudar al usuario a explorar sus pensamientos y emociones interiores, facilitando una experiencia psicodélica más profunda e impactante. Además de proporcionar apoyo emocional, los guías también ayudan a crear un entorno adecuado para el viaje. Esto implica crear un entorno seguro y cómodo que se adapte a las necesidades y preferencias del usuario. Esto puede incluir ajustar los niveles de iluminación y sonido, así como proporcionar asientos o camas cómodos. El guía también puede ayudar al usuario a seleccionar la música adecuada o a realizar actividades como dibujar o escribir en un diario, que pueden mejorar la experiencia psicodélica. Al crear un entorno positivo y de apoyo, los guías pueden contribuir a que el viaje sea más beneficioso y transformador. A pesar de las numerosas ventajas de contar con un guía, es imprescindible tener en cuenta que no todas las personas necesitan o desean uno. Algunos usuarios pueden sentirse seguros navegando solos por la experiencia psicodélica, mientras que otros pueden preferir la presencia de amigos o familiares de confianza. Sin embargo, para los que eligen tener un guía, es esencial establecer una relación de confianza y respeto con él. Esto implica una comunicación abierta, comprensión mutua y un compromiso compartido con la seguridad y el bienestar. Los guías o trip sitters desempeñan un papel fundamental en el consumo de hongos mágicos. Su presencia proporciona apoyo, orientación y una sensación de seguridad a las personas que se embarcan en viajes psicodélicos. Con sus conocimientos y experiencia, los guías pueden ofrecer información precisa sobre los efectos y riesgos de los hongos mágicos, así como apoyo emocional durante todo el viaje. Ayudan a crear un entorno adecuado que mejora la experiencia global. Es vital reconocer que no todo el mundo necesita o desea un guía, ya que algunas personas se sienten cómodas navegando por el reino psicodélico solas o con la presencia de compañeros de confianza. La

decisión de tener un guía debe basarse en las preferencias personales y en consideraciones de seguridad.

EL PAPEL DE LOS TRIP SITTERS EN EXPERIENCIAS SEGURAS Y SIGNIFICATIVAS

El papel de los guías o trip sitters es crucial para garantizar experiencias seguras y significativas con los hongos mágicos. Estas personas actúan como mentores bien informados y compañeros compasivos que facilitan un entorno seguro y positivo para los usuarios. Los guías poseen un profundo conocimiento de los efectos, riesgos y retos potenciales asociados a los viajes con hongos. Conocen bien las distintas cepas y potencias de los hongos y pueden ayudar a los usuarios a seleccionar la dosis adecuada. Los guías tienen experiencia en crear un entorno propicio que fomente la comodidad y la relajación. Pueden elegir entornos naturales serenos o espacios espirituales que mejoren la experiencia global. Los guías también desempeñan un papel importante en la preparación de los usuarios para el viaje. Educan a los personas sobre los diversos efectos psicológicos y físicos que pueden encontrar durante el viaje, como la alteración de la percepción, el aumento de las emociones y la posible confrontación con pensamientos y sentimientos personales. Este conocimiento ayuda a los usuarios a abordar la experiencia con Mindfulness y apertura, lo que permite una comprensión más profunda y resultados transformadores. Los guías están capacitados para proporcionar apoyo emocional. Poseen la capacidad de comunicarse eficazmente y empatizar con los usuarios que pueden enfrentarse a emociones desafiantes o intensas. Estos guías ofrecen una presencia enraizadora, ayudando a los personas a navegar por cualquier posible angustia psicológica y existencial que pueda surgir durante el viaje. Fomentan una atmósfera de confianza y tranquilidad, haciendo que los usuarios se sientan seguros y apoyados a lo largo de su viaje. Los guías son inestimables para facilitar la introspección y el crecimiento personal. Al fomentar la autorreflexión y los ejercicios introspectivos, inspiran a los usuarios a explorar su interior y a comprometerse con preguntas y reflexiones profundas. Los guías pueden utilizar técnicas como la terapia hablada, la terapia artística o la meditación guiada para guiar a los usuarios en su viaje. Estas técnicas pueden ayudar a los usuarios a ganar claridad, desarrollar la autoconciencia y procesar cualquier revelación o emoción que surja durante la experiencia. La presencia de un guía garantiza que los usuarios tengan un recurso compasivo y bien informado al que recurrir, eliminando posibles sentimientos de aislamiento o confusión. Los guías son responsables de garantizar el bienestar físico y la seguridad de los usuarios. Están entrenados para reconocer signos de angustia o emergencias médicas y están equipados para responder rápida y adecuadamente. Los guías conocen los riesgos potenciales, como alergias, interacciones medicamentosas y reacciones adversas, y pueden prestar asistencia inmediata cuando sea necesario. En resumen, los guías o trip sitters desempeñan un papel vital a la hora de facilitar experiencias seguras y significativas con los hongos mágicos. Su experiencia en la selección de dosis, la creación de un entorno propicio, la prestación de apoyo emocional, la facilitación de la introspección y la garantía de la seguridad física mejoran enormemente la experiencia general de los usuarios. Los usuarios pueden confiar en estos guías para que les transmitan conocimientos, consuelo y orientación, permitiéndoles aprovechar plenamente el potencial transformador de los hongos mágicos.

IMPORTANCIA DEL SET Y DEL ENTORNO PARA EL CONSUMO DE HONGOS

Nunca se insistirá lo suficiente en la importancia del escenario y el entorno para el consumo de hongos mágicos. El escenario se refiere a la mentalidad del individuo que consume los hongos, mientras que el entorno se refiere al ambiente físico y social en el que tiene lugar el consumo. Ambos factores desempeñan un papel crucial en la configuración de la experiencia general y los resultados del consumo de hongos mágicos. En cuanto al entorno, tener una mentalidad positiva es esencial, ya que puede influir significativamente en la percepción e interpretación de la experiencia por parte del individuo. Esto incluye tener una mentalidad abierta, ser curioso y estar mentalmente preparado para los efectos potenciales de los hongos. También es importante tener en cuenta el estado emocional y las intenciones de cada uno antes de consumir hongos mágicos, ya que las emociones e intenciones negativas pueden influir en la naturaleza del viaje. Realizar una introspección y una autorreflexión antes del consumo puede ayudar al individuo a comprender mejor su propia persona y sus motivaciones para buscar esta experiencia. En cuanto al entorno, es primordial crear un ambiente cómodo y seguro. Esto incluye elegir un lugar que resulte familiar y seguro, donde los personas se sientan a gusto y puedan expresarse libremente sin miedo ni juicio. Es crucial contar con compañeros de confianza que puedan proporcionar apoyo emocional y orientación a lo largo del viaje, ya que pueden ayudar a los personas a navegar por las experiencias potencialmente intensas y profundas que

pueden surgir. El entorno físico debe ser estéticamente agradable, con amplio acceso a la naturaleza y a los elementos naturales, ya que éstos pueden mejorar la experiencia psicodélica general. La presencia de elementos tranquilizadores y edificantes,
como una iluminación suave, música relajante y aromas agradables, también puede contribuir a un entorno positivo. La atención
al detalle en la creación de una atmósfera serena puede promover la relajación, reducir la ansiedad y fomentar una sensación
de conexión y unidad con el entorno y los demás participantes.
Además del entorno inmediato, también debe tenerse en cuenta
el contexto cultural y social más amplio en el que tiene lugar el
consumo de hongos mágicos. Comprender el significado histórico, espiritual y cultural de los hongos mágicos puede proporcionar a los personas una mayor apreciación de sus efectos potenciales y ayudarles a navegar por la experiencia. Ser consciente de
las implicaciones legales y sociales del consumo de hongos mágicos puede ayudar a las personas a tomar decisiones informadas y a asegurarse de que participan en esta práctica de forma
responsable y ética. La importancia del decorado y el entorno
para el consumo de hongos mágicos reside en su capacidad para
moldear la mentalidad y el entorno del individuo, influyendo en
última instancia en la naturaleza y los resultados de la experiencia. Al fomentar una mentalidad positiva y receptiva y crear un
entorno seguro y propicio, las personas pueden optimizar sus posibilidades de tener experiencias transformadoras y significativas. De este modo, la configuración y el entorno sirven como facilitadores cruciales para navegar por las complejidades del consumo de hongos mágicos y pueden contribuir al crecimiento personal, la perspicacia y el desarrollo espiritual. Los personas de-

ben considerar estos factores cuidadosamente antes de embarcarse en un viaje con hongos mágicos, asegurándose de que abordan esta experiencia con respeto, intención y Mindfulness.

CONSIDERACIONES ÉTICAS PARA LOS TRIP SITTERS

Las consideraciones éticas de los trip sitters son un aspecto crucial para garantizar la seguridad y el bienestar de las personas que participan en experiencias psicodélicas. Los trip sitters, que son responsables de facilitar un entorno seguro y de apoyo durante estos viajes, deben poseer ciertas cualidades éticas para desempeñar eficazmente su función. En primer lugar, los trip sitters deben dar prioridad al principio de beneficencia, lo que significa que deben actuar en el mejor interés de la persona que viaja. Esto implica garantizar su bienestar físico y emocional a lo largo de la experiencia. Los cuidadores deben conocer los riesgos y efectos potenciales de las sustancias psicodélicas, así como la dosis adecuada y la preparación necesaria. Al estar bien informados, los trip sitters pueden tomar decisiones fundamentadas que den prioridad a la seguridad y la comodidad de la persona. El concepto de autonomía desempeña un papel crucial en la ética del trip sitter. Los trip sitters deben respetar y defender la autonomía de la persona que viaja, reconociendo su derecho a tomar decisiones sobre su experiencia. Esto incluye permitir que el viajero elija el entorno, la música y las actividades que se ajusten a sus preferencias. El respeto a la autonomía también se extiende al consentimiento informado, ya que los trip sitters deben asegurarse de que las personas son plenamente conscientes de los riesgos y beneficios potenciales de las experiencias psicodélicas antes de embarcarse en el viaje. Los trip sitters deben adoptar el principio de no maleficencia, que hace hincapié en la obligación de no causar daño. Deben crear un entorno seguro y sin prejuicios en el que las personas se sientan cómodas expresando libremente sus pensamientos y emociones. Los trip sitters también deben estar preparados para manejar posibles reacciones adversas o experiencias desafiantes que puedan surgir durante el viaje. Es imprescindible que posean los conocimientos y habilidades necesarios para proporcionar apoyo y tranquilidad en tales situaciones. Otra consideración ética esencial para los trip sitters es el principio de justicia. Este principio exige igualdad de trato y justicia para todas las personas implicadas en experiencias psicodélicas. Los trip sitters deben asegurarse de que se satisfacen las necesidades y expectativas de la persona que viaja, independientemente de su origen, identidad o creencias culturales. Garantizar que se obtiene el consentimiento adecuado y que las personas tienen acceso a información precisa sobre los riesgos y beneficios de los psicodélicos es crucial para la justicia. La integridad es una cualidad ética vital para los trip sitters. Deben demostrar honestidad, transparencia y fiabilidad en sus interacciones con las personas, cultivando una atmósfera de confianza y autenticidad. Es crucial que los trip sitters mantengan la confidencialidad y se abstengan de compartir cualquier información personal o delicada revelada durante el viaje. Respetando estas consideraciones éticas, los trip sitters pueden facilitar experiencias positivas y transformadoras a las personas que se involucran con los psicodélicos. Las prácticas éticas de los trip sitters contribuyen a la percepción general y a la aceptación social de los psicodélicos. Al dar prioridad al bienestar, la autonomía, la no maleficencia, la justicia y la integridad de las personas, los "trip sitters" desempeñan un papel crucial a la hora de minimizar los riesgos potenciales y maximizar los beneficios de las experiencias psicodélicas. La asistencia ética a viajes también ayuda a combatir la estigmatización que rodea a los psicodélicos y promueve una mejor comprensión de estas sustancias y de su potencial para el crecimiento personal y el uso terapéutico. Las consideraciones éticas para los trip sitters son vitales para garantizar la seguridad, el bienestar y el potencial transformador de las personas que participan en experiencias psicodélicas. Al dar prioridad a principios como la beneficencia, la autonomía, la no maleficencia, la justicia y la integridad, los trip sitters crean un entorno de apoyo que fomenta el crecimiento personal y minimiza los riesgos potenciales. El Trip Sitting ético contribuye a una mayor aceptación y comprensión de los psicodélicos en la sociedad.

CÓMO LOS CUIDADORES MEJORAN LA EXPERIENCIA GLOBAL Y REDUCEN LOS RIESGOS

Los trip sitters, también conocidos como guías o facilitadores, desempeñan un papel crucial para mejorar la experiencia psicodélica general y minimizar los riesgos potenciales asociados al consumo de hongos mágicos. Su presencia proporciona una sensación de tranquilidad, seguridad y apoyo a las personas que se embarcan en un viaje psicodélico. Los trip sitters suelen ser personas experimentadas que poseen conocimientos sobre los efectos y los posibles retos que pueden surgir durante un viaje. Su experiencia y orientación pueden ayudar a los participantes a navegar por diversos estados mentales, garantizando una experiencia fluida y transformadora. Una forma en que los trip sitters mejoran la experiencia global es creando un entorno cómodo y acogedor. Un decorado y un entorno adecuados son esenciales para una experiencia psicodélica positiva, y los trip sitters contribuyen creando un espacio seguro y sereno para los participantes. Esto incluye factores como garantizar que el entorno físico sea propicio para la relajación y la introspección, con una iluminación suave, zonas cómodas para sentarse y música relajante. Los trip sitters pueden incorporar elementos rituales, como emborronar, quemar incienso o reproducir sonidos naturales, para facilitar una conexión más profunda con el yo y la experiencia psicodélica. Otro aspecto crucial en el que los trip sitters mejoran la experiencia global es proporcionando apoyo emocional y psicológico a lo largo del viaje. Las experiencias psicodélicas pueden ser intensas, impredecibles y cargadas emocionalmente. Los participantes pueden encontrarse con una serie de emociones, desde el éxtasis y la euforia hasta la ansiedad y la confusión. La presencia de un trip sitter puede ayudar a las personas a navegar por estos paisajes emocionales, ofreciéndoles orientación, seguridad y validación. Su papel no consiste en controlar o reprimir estas emociones, sino en crear un espacio seguro para que los participantes exploren y se expresen plenamente. Los trip sitters están formados para proporcionar un apoyo compasivo y sin prejuicios, garantizando que las personas se sientan escuchadas y comprendidas a lo largo de su viaje. Los trip sitters pueden ayudar a mitigar los riesgos potenciales que puedan surgir durante la experiencia psicodélica. Aunque los hongos mágicos suelen considerarse seguros, pueden inducir efectos potentes que pueden resultar abrumadores para algunas personas. Los trip sitters pueden anticipar y gestionar los posibles retos, como los viajes difíciles o los sentimientos de paranoia. En caso de experiencia difícil, los terapeutas de viaje pueden emplear diversas técnicas para ayudar a las personas a recuperar la sensación de control y estabilidad. Estas técnicas pueden incluir la respiración, la meditación, ejercicios de enraizamiento o simplemente ofrecer tranquilidad y consuelo. Interviniendo de forma solidaria pero no invasiva, los trip sitters pueden minimizar la probabilidad de comportamientos perjudiciales o reacciones de pánico, garantizando la seguridad y el bienestar de los participantes. Los trip sitters desempeñan un papel vital en la mejora de la experiencia psicodélica general y en la reducción de los riesgos potenciales asociados al consumo de hongos mágicos. Su presencia crea un entorno de apoyo que fomenta la relajación, la introspección y la exploración emocional. Los Trip Sitters proporcionan una sensación de seguridad y comodidad, permitiendo a los participantes sumergirse plenamente en la naturaleza transformadora de la experiencia psicodélica. Su experiencia y orientación ayudan a las personas a navegar por los diversos estados mentales que pueden surgir durante un viaje. Los trip sitters pueden mitigar los riesgos potenciales, promover el bienestar emocional y garantizar la seguridad general de los participantes. Los trip sitters son facilitadores esenciales en el ámbito de los viajes psicodélicos, que potencian las experiencias profundas e iluminadoras que pueden ofrecer los hongos mágicos. El uso de hongos mágicos con fines espirituales se remonta a siglos atrás y está profundamente arraigado en las culturas indígenas de todo el mundo. Muchas comunidades indígenas han incorporado estos hongos a sus prácticas religiosas como medio de conectar con lo divino y obtener conocimientos sobre la naturaleza de la existencia. Por ejemplo, en la cultura mazateca de México, los hongos mágicos, conocidos como "hongos sagrados" o "pequeños santos", se han utilizado durante siglos en rituales chamánicos para comunicarse con deidades y espíritus ancestrales. Estos hongos se consideran una herramienta clave para la curación, la adivinación y la orientación espiritual. Del mismo modo, en la selva amazónica, las tribus indígenas han utilizado el brebaje ayahuasca, que contiene el compuesto psicodélico DMT presente en los hongos mágicos, para experiencias espirituales y visionarias. Estas culturas consideran el consumo de hongos mágicos un acto sagrado, pues creen que abre una puerta a otros reinos de la conciencia y proporciona acceso a conocimientos ocultos. En los últimos años, ha resurgido el interés por el uso espiritual de los hongos mágicos entre personas ajenas a las comunidades indígenas, que buscan experiencias místicas, visiones personales y una conexión más profunda con el mundo que les rodea. Es importante reconocer que el consumo de hongos mágicos conlleva riesgos y posibles efectos adversos. Los compuestos psicodélicos de estos hongos pueden inducir potentes alucinaciones y alterar la percepción de la realidad, lo que puede resultar a la vez fascinante y abrumador para los consumidores. Mientras que algunos personas pueden tener experiencias positivas y transformadoras, otros pueden encontrarse en un estado de confusión, ansiedad o paranoia. En raras ocasiones, los personas pueden experimentar lo que se conoce como un "mal viaje", caracterizado por miedo intenso o pánico. Esto pone de relieve la importancia del escenario y el entorno en las experiencias psicodélicas: la mentalidad y el entorno en el que se consumen los hongos mágicos pueden influir enormemente en la naturaleza y el resultado del viaje. El consumo de hongos mágicos también puede tener efectos fisiológicos, como aumento de la frecuencia cardiaca, elevación de la tensión arterial y náuseas. Estos efectos pueden variar según el individuo, la dosis y el método de consumo. No obstante, es crucial abordar el consumo de hongos mágicos con precaución y ser consciente de los riesgos potenciales que conlleva. Desde un punto de vista legal, la regulación de los hongos mágicos varía según los países y regiones. En algunos lugares, como Brasil, Jamaica y Holanda, el consumo de hongos mágicos con fines espirituales o religiosos está protegido y permitido. En otros países, como Estados Unidos, la posesión y el consumo de hongos mágicos suelen ser ilegales, aunque existen excepciones en algunos estados y ciudades donde su uso está despenalizado o permitido con fines de investigación médica. El estatus legal de los hongos mágicos suele ser un tema polémico, ya que continúan los debates sobre sus beneficios potenciales, sus usos terapéuticos y los derechos de las personas a explorar estados alterados de conciencia. A medida que la comunidad científica siga explorando los posibles efectos terapéuticos de los hongos mágicos, es posible que en el futuro se apliquen normativas más indulgentes.

En resumen, el cultivo, el consumo, la espiritualidad y la percepción de los hongos mágicos son temas complejos y polifacéticos. Tienen un profundo significado histórico y cultural y siguen siendo temas de interés y exploración en la sociedad contemporánea. El uso de hongos mágicos con fines espirituales puede proporcionar a los personas profundas percepciones y experiencias, pero es esencial abordar su consumo con precaución debido a los riesgos potenciales. La normativa legal en torno a los hongos mágicos varía según las distintas jurisdicciones y es objeto de debates y discusiones constantes. A medida que el conocimiento y la comprensión públicos de este fascinante hongo siguen ampliándose, es importante considerar todos los aspectos de su uso y efectos.

VI. PERSPECTIVAS HISTÓRICAS E IMPORTANCIA CULTURAL

Las perspectivas históricas y el significado cultural de los hongos mágicos están profundamente entrelazados con la civilización humana y las prácticas espirituales a lo largo de los tiempos. Las pruebas arqueológicas sugieren que el consumo de hongos que contienen psilocibina se remonta a miles de años atrás, con representaciones de obras de arte relacionadas con los hongos encontradas en antiguas pinturas rupestres y paredes de templos. En Mesoamérica, las culturas indígenas de los aztecas y los mayas veneraban los hongos psilocibios como sagrados, creyendo que eran una vía para comunicarse con lo divino y obtener percepciones espirituales. Los aztecas incluso se referían a los hongos psilocibios como "carne de los dioses" y los utilizaban en ceremonias religiosas y rituales sagrados. Asimismo, en otras partes del mundo, como África y Siberia, se consumían hongos con propiedades psicoactivas por su supuesta capacidad para inducir estados alterados de conciencia y potenciar las experiencias espirituales. La importancia cultural de los hongos mágicos también se extiende a la sociedad contemporánea, donde han sido adoptados por diversas subculturas, contraculturas y movimientos espirituales. A partir de la revolución psicodélica de los años 60, influida por el uso generalizado de sustancias alucinógenas, los hongos mágicos ganaron popularidad como herramienta para la autoexploración, el crecimiento personal y la iluminación espiritual. Pioneros de la psicodelia como Timothy Leary y Terence

McKenna defendieron el potencial transformador de los hongos mágicos para expandir la propia conciencia y redefinir sus perspectivas sobre la realidad. Este movimiento cultural allanó el camino para un resurgimiento del interés por los hongos mágicos tanto entre los consumidores recreativos como entre los buscadores espirituales en las décadas siguientes. En los últimos años, las comunidades científica y médica han reconocido el potencial terapéutico de los hongos mágicos. Varios estudios han demostrado la eficacia de la terapia asistida con psilocibina en el tratamiento de enfermedades mentales como la depresión, la ansiedad y la adicción. La experiencia psicodélica inducida por los hongos psilocibios, cuando va acompañada de una orientación e integración adecuadas, se ha mostrado prometedora para facilitar avances emocionales, mejorar la introspección y promover cambios positivos a largo plazo en el bienestar de las personas. Como consecuencia, algunos países y estados han empezado a suavizar las restricciones sobre el uso de la psilocibina con fines medicinales, reconociendo su potencial como herramienta valiosa en los tratamientos de salud mental.

La situación legal de los hongos mágicos sigue siendo un tema polémico en muchas partes del mundo. Mientras que algunos países han despenalizado o legalizado la posesión y el cultivo de hongos psilocibios, otros mantienen normativas estrictas e imponen sanciones penales por su consumo. Esta dicotomía crea un complejo panorama legal que restringe y a la vez fomenta los mercados clandestinos de hongos mágicos. Las perspectivas históricas y el significado cultural de los hongos mágicos están profundamente arraigados en la civilización humana, la espiritualidad y la autoexploración. Desde las civilizaciones antiguas hasta las subculturas contemporáneas, el consumo de hongos psilocibios ha sido venerado por su capacidad para inducir estados alterados de conciencia, facilitar el crecimiento personal y potenciar las experiencias espirituales. También se ha reconocido el potencial terapéutico de los hongos mágicos para tratar enfermedades mentales, lo que ha llevado a reevaluar su situación legal en algunas jurisdicciones. El panorama jurídico que rodea a los hongos mágicos sigue siendo variado y complejo, lo que pone de relieve el debate social en curso sobre su uso y regulación.

PRUEBAS HISTÓRICAS ANTIGUAS DEL USO DE HONGOS MÁGICOS

Existen pruebas históricas antiguas del uso de hongos mágicos en diversas culturas de todo el mundo. Un ejemplo es el uso de hongos psicodélicos por parte de las civilizaciones indígenas mesoamericanas, como los aztecas y los mayas. En estas sociedades antiguas, los hongos mágicos se asociaban a menudo con rituales religiosos y experiencias espirituales. Los aztecas, en particular, sentían una profunda reverencia por los hongos y sus efectos alucinógenos. Creían que el consumo de hongos les permitía comunicarse con los dioses y comprender el mundo espiritual. Uno de los ejemplos más famosos de esto es la antigua deidad azteca conocida como Xochipilli, el Príncipe de las Flores, a quien se representa a menudo sosteniendo hongos psicoactivos en sus manos. Los mayas, por su parte, creían que los hongos eran una puerta sagrada al reino sobrenatural y los utilizaban en ceremonias para conectar con sus dioses. De hecho, las obras de arte mayas representaban a menudo rituales relacionados con los hongos y rituales que implicaban el consumo de estos hongos sagrados. Otra civilización antigua que conocía los hongos mágicos es la egipcia. Las pinturas murales de la tumba del faraón Tutankamón representan hongos que muchos expertos creen que son Amanita muscaria, un tipo de seta conocida por sus efectos psicodélicos. Estas pinturas sugieren que los egipcios podrían haber utilizado estos hongos por sus propiedades alucinógenas o por su significado simbólico en rituales religiosos. Del mismo modo, los antiguos textos indios llamados Rigveda, que datan de hace miles de años, también mencionan el uso de una seta llamada Soma en ceremonias religiosas. Se creía que el hongo Soma tenía propiedades divinas y se utilizaba para inducir un estado de trance para las experiencias espirituales. A menudo se describe como poseedor de efectos alucinógenos y que proporciona una sensación de euforia e iluminación. Los antiguos griegos y romanos también conocían las propiedades psicodélicas de los hongos y los incorporaron a sus prácticas religiosas y espirituales. De hecho, el propio término "hongo mágico" se remonta a la palabra griega "mágos", que significa "mágico" o "encantador". Los griegos creían que consumir hongos podía conducir a una conexión con lo divino y los utilizaban en ceremonias religiosas dedicadas a los dioses Dionisio y Deméter. También los romanos creían en las propiedades místicas de los hongos y los utilizaban en diversos rituales. De estos relatos históricos se desprende que el uso de hongos mágicos se remonta a miles de años atrás y ha sido parte integrante de muchas culturas antiguas. Es importante señalar que el significado y la interpretación de los hongos mágicos variaban entre las distintas civilizaciones. Mientras que algunas las consideraban una puerta al reino espiritual, otras las veían como objetos sagrados o símbolos del poder divino. Las pruebas históricas del uso de los hongos mágicos no sólo arrojan luz sobre la fascinación humana por los estados alterados de conciencia, sino que también subrayan el perdurable significado espiritual que estos hongos tienen para muchas culturas a lo largo de la historia. Comprender las antiguas pruebas históricas del uso de hongos mágicos nos permite apreciar la rica herencia cultural asociada a estos hongos y proporciona valiosos conocimientos sobre las creencias y prácticas humanas en torno a los estados alterados de conciencia.

ETNOMICOLOGÍA: PRÁCTICAS CULTURALES Y RITUALES CON HONGOS

La etnomicología es un campo de estudio que explora las prácticas culturales y los rituales relacionados con los hongos mágicos. En muchas culturas indígenas de todo el mundo, los hongos mágicos se han utilizado durante siglos en ceremonias religiosas y espirituales. Estos hongos suelen considerarse sagrados y se cree que poseen propiedades que permiten a las personas comunicarse con el mundo de los espíritus. El pueblo mazateco de México, por ejemplo, tiene una larga historia de uso de hongos psilocibios en rituales de curación y ceremonias de adivinación. El hongo, conocido como "teonanácatl" o "carne de los dioses", se considera una herramienta poderosa para obtener conocimiento y conectar con lo divino. En estos rituales, un chamán guía a los participantes a través de la experiencia, ayudándoles a navegar por las visiones y emociones que surgen al consumir los hongos. Del mismo modo, el Santo Daime, un movimiento religioso sincrético de Brasil, incorpora el consumo de ayahuasca, un brebaje que combina la vid Banisteriopsis caapi y plantas psicotrópicas, entre ellas los hongos mágicos. Se cree que el consumo de hongos mágicos en este contexto abre portales al reino espiritual y facilita la comunicación con seres superiores. Estos rituales suelen incluir cantos, bailes y una intensa reflexión espiritual, creando una experiencia profunda y transformadora para los participantes. Más allá de estos ejemplos concretos, los hongos mágicos se han utilizado en diversas prácticas culturales, religiosas y espirituales en todo el mundo. En algunas tradiciones nativas americanas, por ejemplo, los hongos se consideran un sacramento y se utilizan en rituales para conectar con la naturaleza y mejorar el aprendizaje espiritual. Las ceremonias de hongos mágicos también han ganado popularidad en la sociedad occidental contemporánea, sobre todo en el contexto de la terapia psicodélica y el crecimiento personal. El potencial médico de los hongos mágicos ha sido objeto de investigaciones recientes, con estudios que sugieren su eficacia en el tratamiento de enfermedades mentales como la depresión, la ansiedad y la adicción. Es crucial distinguir entre el entorno controlado y supervisado del uso terapéutico y el consumo recreativo. Aunque el uso sagrado de los hongos mágicos en prácticas culturales y religiosas ha demostrado profundos beneficios para algunas personas, el consumo recreativo de estas sustancias conlleva riesgos que no deben pasarse por alto.

Existe la posibilidad de reacciones adversas como ataques de pánico, episodios psicóticos y comportamientos peligrosos, especialmente en contextos en los que la sustancia se utiliza sin la orientación y la preparación adecuadas. La situación legal de los hongos mágicos varía según las jurisdicciones, y muchos países los clasifican como sustancias controladas debido a sus propiedades psicoactivas. Es esencial que las personas interesadas en explorar los aspectos culturales y espirituales de los hongos mágicos sean conscientes de las consideraciones legales y de seguridad que rodean su consumo. La etnomicología arroja luz sobre las ricas prácticas culturales y rituales relacionados con los hongos mágicos. Estas sustancias han sido veneradas durante mucho tiempo por su capacidad para facilitar experiencias espirituales y conectar a las personas con lo divino. Comprender el significado histórico y cultural de estas prácticas puede ayudar a fomentar una perspectiva más matizada sobre el impacto de los hongos mágicos en la percepción, la espiritualidad y la conciencia humanas. A medida que se amplía la investigación en este campo, tenemos la oportunidad de apreciar las diversas formas en que las distintas culturas han integrado estos hongos en sus prácticas religiosas y espirituales.

HONGOS MÁGICOS EN CEREMONIAS RELIGIOSAS Y RITUALES CHAMÁNICOS

Los hongos mágicos, también conocidas como hongos psilocibios, se han utilizado durante siglos en ceremonias religiosas y
rituales chamánicos. Estos hongos psicoactivos contienen un potente compuesto alucinógeno llamado psilocibina, que altera la
percepción de la realidad del usuario. En muchas culturas indígenas, se cree que los hongos mágicos tienen propiedades espirituales y curativas, que permiten conectar con lo divino y comprender la naturaleza de la existencia. Por ejemplo, en las antiguas civilizaciones azteca y maya, los hongos mágicos se asociaban con el dios Quetzalcóatl y se utilizaban en ceremonias religiosas para inducir visiones y entrar en comunión con lo divino.
Del mismo modo, en la selva amazónica, las tribus indígenas han
utilizado durante mucho tiempo rituales chamánicos con hongos
mágicos para establecer contacto con los espíritus, curar a los
enfermos y predecir el resultado de la caza. El uso de hongos mágicos en ceremonias religiosas y rituales chamánicos se basa en
la creencia de que estas sustancias pueden proporcionar una
puerta de entrada al reino espiritual y facilitar experiencias trascendentes. Cuando se ingiere, la psilocibina se convierte en psilocina en el organismo, que se une a los receptores de serotonina
del cerebro, lo que provoca alteraciones en la percepción, la cognición y las emociones. Estas profundas experiencias psicodélicas
suelen describirse como de naturaleza mística o espiritual, ya que
los personas informan de una sensación de interconexión con el
universo, una disolución del ego y un sentimiento de unidad con

todos los seres vivos. El consumo de hongos mágicos en prácticas religiosas y chamánicas suele ir acompañado de diversos rituales y ceremonias que realzan la experiencia y garantizan su carácter sagrado. Por ejemplo, las comunidades indígenas de México suelen realizar rituales de purificación antes de ingerir hongos mágicos, como ayunar o abstenerse de la actividad sexual, para prepararse física y espiritualmente para el viaje que les espera. Se cree que estos rituales crean una mentalidad receptiva y respetuosa que permite una conexión más profunda con lo divino. Además de su significado espiritual, los hongos mágicos se han utilizado con fines terapéuticos en entornos de investigación contemporáneos. Estudios recientes han demostrado que la terapia con psilocibina puede ser eficaz para tratar diversos trastornos mentales, como la depresión, la ansiedad y la adicción. Al inducir una experiencia mística, la terapia con psilocibina tiene el potencial de promover cambios duraderos en la percepción y el comportamiento, mejorar el bienestar psicológico y aumentar la percepción personal y la conciencia espiritual. El uso de hongos mágicos en ceremonias religiosas, rituales chamánicos y contextos terapéuticos también conlleva riesgos e implicaciones legales. La psilocibina está clasificada como sustancia de la Lista I en muchos países, incluido Estados Unidos, lo que significa que tiene un alto potencial de abuso y ningún uso médico aceptado. Este estatus legal ha obstaculizado la investigación sobre el potencial terapéutico de los hongos mágicos y ha limitado su accesibilidad para las prácticas religiosas y espirituales. Los hongos mágicos se han utilizado durante siglos en ceremonias religiosas y rituales chamánicos como medio para conectar con lo divino y obtener percepciones espirituales. Estos hongos psicodélicos tienen la capacidad de inducir estados alterados de conciencia, que dan lugar a experiencias místicas y a una profunda transformación personal. Aunque su uso ha demostrado un potencial terapéutico, las restricciones legales plantean retos para una mayor exploración y acceso a estas sustancias. A pesar de estos obstáculos, los hongos mágicos siguen siendo muy apreciados por diversas culturas por sus propiedades espirituales y curativas, lo que los convierte en un elemento perdurable de la espiritualidad humana y las prácticas religiosas.

INFLUENCIA DE LOS HONGOS MÁGICOS EN EL ARTE, LA LITERATURA Y LA CULTURA POPULAR A LO LARGO DE LA HISTORIA

A lo largo de la historia, los hongos mágicos han ejercido una influencia significativa en el arte, la literatura y la cultura popular. Los artistas y escritores llevan mucho tiempo fascinados por las experiencias psicodélicas inducidas por estos hongos alucinógenos, que les han proporcionado una lente única a través de la cual explorar y representar estados alterados de conciencia. Desde las civilizaciones antiguas hasta la era moderna, los hongos mágicos han alimentado la imaginación de personas creativos, dando lugar a la creación de magníficas obras de arte, inspiradas obras maestras de la literatura y momentos icónicos de la cultura popular. En el ámbito del arte, los hongos mágicos han inspirado a los artistas a capturar visualmente las visiones caleidoscópicas y de otro mundo experimentadas durante el viaje psicodélico. Se pueden encontrar pruebas de su uso en el antiguo arte rupestre de Tassili n'Ajjer, en Argelia, que data del 7000 a.C., donde se han descubierto intrincadas representaciones de hongos. En épocas más recientes, artistas como Henri Michaux y Salvador Dalí incorporaron sus experiencias con hongos mágicos a sus obras de arte, dando lugar a obras maestras vívidas y surrealistas. Los colores vivos e intensos, los patrones intrincados y las perspectivas distorsionadas que se encuentran en estas obras de arte recuerdan los efectos transformadores de los hongos mágicos. Su influencia puede verse en los carteles psicodélicos del movimiento contracultural de los años 60, donde se retrataban explícitamente las experiencias alucinógenas desencadenadas por los hongos mágicos, reflejando el espíritu de liberación y rebelión contra las normas convencionales. La literatura también se ha visto profundamente influida por los hongos mágicos a lo largo de la historia. Desde el folclore antiguo hasta las novelas contemporáneas, los autores se han inspirado en las propiedades místicas y alteradoras de la mente de estos hongos. En la antigua Grecia, los Misterios Eleusinos, ritos religiosos secretos, implicaban el consumo de psicodélicos, entre los que posiblemente se incluían los hongos mágicos, lo que conducía a estados alterados de conciencia y revelaciones espirituales. En épocas más recientes, autores influyentes como Aldous Huxley y Terence McKenna han documentado en sus obras sus experiencias con psicodélicos, incluidos los hongos mágicos. Las puertas de la percepción" de Huxley ofrece un relato detallado de su experimentación con la mescalina, otra sustancia alucinógena, mientras que "El alimento de los dioses" de McKenna explora la relación entre la evolución humana y el consumo de sustancias que alteran la mente, incluidos los hongos mágicos. Esta literatura no sólo ahonda en las experiencias personales, sino también en las dimensiones culturales, sociales y espirituales de estas sustancias, contribuyendo a una mayor comprensión de la psique humana y de nuestra conexión con el mundo natural. Los hongos mágicos también han tenido un impacto duradero en la cultura popular, tanto en la música como en el cine. En la década de 1960, el movimiento contracultural, alimentado por la exploración de sustancias psicodélicas, vio surgir a bandas influyentes como Jefferson Airplane y Grateful Dead, que celebraban abiertamente el consumo de hongos mágicos y otros alucinógenos. Estas bandas, junto con otras, impregnaron su música con los cambios perceptivos y la introspección espiritual experimentados durante los viajes psicodélicos. En el ámbito del cine, momentos icónicos como la escena del "viaje" de "Easy Rider" y los paisajes fantásticos de "Alicia en el País de las Maravillas" se han visto influidos por las propiedades alucinógenas de los hongos mágicos. Estas representaciones no sólo sirven de conducto para que el espectador experimente los efectos desorientadores y transformadores de estas sustancias, sino que también se convierten en piedras de toque culturales que reflejan las actitudes cambiantes hacia los psicodélicos en la sociedad. Los hongos mágicos han desempeñado un papel influyente en la configuración del arte, la literatura y la cultura popular a lo largo de la historia. Desde las vibrantes pinturas de Salvador Dalí hasta las obras literarias de Aldous Huxley, estos hongos alucinógenos han proporcionado a artistas, escritores y músicos una puerta para explorar estados alterados de conciencia, imaginación y espiritualidad. Su impacto no sólo es evidente en los fascinantes efectos visuales y las cautivadoras narraciones que han inspirado, sino también en los movimientos culturales en los que han influido, dejando una huella indeleble en la creatividad y la expresión humanas. El consumo de hongos mágicos tiene una larga historia enraizada en la espiritualidad y la búsqueda de estados alterados de conciencia. A lo largo de la historia, diversas culturas han utilizado las propiedades psicodélicas de estos hongos para ceremonias religiosas, prácticas curativas y adivinación. En el antiguo México, por ejemplo, los aztecas creían que los hongos proporcionaban una puerta para comunicarse con los dioses y adquirir conocimientos. Del mismo modo, las tribus indígenas de la selva amazónica han incorporado los hongos mágicos a sus rituales chamánicos, utilizándolos para inducir visiones y conectar con el reino espiritual. En épocas más recientes, el movimiento contracultural de los años 60 adoptó el uso de hongos mágicos como medio de expandir la conciencia y explorar realidades alternativas. Este resurgimiento del interés por los psicodélicos condujo a la investigación científica sobre el potencial terapéutico de los hongos mágicos, sobre todo en el campo de la psicoterapia. Los estudios han arrojado resultados prometedores, indicando que los hongos pueden ser eficaces para tratar afecciones como la depresión, la ansiedad y la adicción. La experiencia psicodélica inducida por los hongos mágicos se describe a menudo como un encuentro místico, caracterizado por una disolución del ego, una sensación de interconexión con todas las cosas y una mayor percepción de la belleza y el significado del mundo. Los consumidores suelen informar de profundas percepciones espirituales, un cambio en los valores personales y un mayor aprecio por la vida. Es importante tener en cuenta que los efectos de los hongos mágicos pueden variar mucho según la persona y la dosis consumida. Mientras que algunos consumidores pueden tener experiencias positivas, otros pueden sufrir efectos desafiantes o potencialmente perjudiciales, como ansiedad, confusión o pérdida de contacto con la realidad. Existen riesgos potenciales asociados al consumo de hongos mágicos, como la posibilidad de ingestión accidental de hongos venenosos o la identificación errónea de hongos silvestres. Esto pone de relieve la importancia de una preparación adecuada, una toma de decisiones informada y un consumo responsable. Debido a los riesgos potenciales y al potencial de abuso, muchos países han implantado restricciones legales en torno a la producción, posesión y venta de hongos mágicos. En algunos casos, estos hongos están

clasificados como sustancias controladas, junto con otros psicodélicos como el LSD y el MDMA. Actualmente existe un movimiento creciente para reconsiderar el estatus legal de los hongos
mágicos, cuyos defensores defienden su potencial terapéutico y
el derecho a explorar la propia conciencia. Esto ha dado lugar a
la despenalización y legalización de los hongos mágicos en algunas jurisdicciones, sobre todo con fines médicos y de investigación. No obstante, es crucial recordar que las leyes y normativas
que rodean a los hongos mágicos pueden variar significativamente de un país o región a otra, y las personas deben familiarizarse con el panorama legal antes de emprender cualquier actividad relacionada con estos hongos. Mientras la comunidad científica sigue explorando los beneficios y riesgos potenciales de los
hongos mágicos, está claro que estos hongos ocupan un lugar
único en la historia, la cultura y la espiritualidad humanas. Desde
los rituales antiguos hasta la investigación científica contemporánea, el estudio de los hongos mágicos ofrece una visión fascinante de la búsqueda humana de estados alterados de conciencia y trascendencia. El debate en torno a su consumo plantea
cuestiones profundas sobre la libertad personal, la salud mental
y la naturaleza de la realidad. La exploración de los hongos mágicos es una experiencia profundamente personal y subjetiva,
que debe abordarse con precaución, respeto y espíritu de curiosidad.

VII. USOS MEDICINALES Y TERAPÉUTICOS

Más allá de su significado histórico y cultural, los hongos mágicos también han demostrado su potencial en el campo de la medicina y la terapia. Las investigaciones realizadas en las últimas décadas han revelado una serie de aplicaciones médicas y terapéuticas de la psilocibina, el compuesto activo de los hongos mágicos. Los estudios indican que la psilocibina puede ser eficaz en el tratamiento de diversos trastornos mentales, como la depresión, la ansiedad y la adicción. Se cree que el compuesto actúa sobre los receptores de serotonina del cerebro, alterando la percepción y los procesos de pensamiento del individuo. Una de las áreas de investigación más prometedoras es el uso de la terapia asistida con psilocibina para personas que sufren depresión resistente al tratamiento. Los ensayos clínicos han demostrado que una dosis única de psilocibina, combinada con terapia, puede producir reducciones significativas y duraderas de los síntomas depresivos. Los pacientes informan de una sensación de conexión y perspicacia durante su experiencia psicodélica, que puede dar lugar a profundos cambios de perspectiva y posteriores mejoras de su bienestar mental. Los hongos mágicos también han demostrado su potencial en el tratamiento de trastornos de ansiedad, como el trastorno de estrés postraumático (TEPT). Los estudios han demostrado que el consumo de psilocibina puede ayudar a las personas con TEPT a procesar e integrar los recuerdos traumáticos, reduciendo la gravedad de sus síntomas. Las investigaciones sugieren que la psilocibina puede inducir una experiencia mística o trascendente, que se ha asociado a mejores resultados en salud mental. Además de las afecciones mentales, los hongos mágicos se han mostrado prometedores en el tratamiento de los trastornos por consumo de sustancias. Los estudios han descubierto que la terapia asistida con psilocibina puede ser eficaz para reducir el ansia y la dependencia de sustancias como el tabaco y el alcohol. La experiencia psicodélica inducida por la psilocibina puede llevar a una mayor autoconciencia y a comprender las causas subyacentes de la adicción, lo que la convierte en una herramienta potencialmente poderosa en el tratamiento del abuso de sustancias. Se ha descubierto que la psilocibina alivia la angustia del final de la vida en personas con enfermedades terminales. Las investigaciones realizadas con enfermos de cáncer han demostrado que el consumo de hongos mágicos puede reducir la ansiedad, la depresión y la angustia existencial en esta población. Los profundos conocimientos psicológicos y espirituales adquiridos durante la experiencia pueden ayudar a las personas a aceptar su mortalidad y a encontrar un sentido y un propósito renovados en el tiempo que les queda. A pesar de las prometedoras aplicaciones terapéuticas de los hongos mágicos, las normativas y las barreras legales han obstaculizado la investigación y el uso clínico. En muchos países, la psilocibina está clasificada como sustancia de la Lista I, junto con otras drogas con un alto potencial de abuso y sin valor médico reconocido. Esta clasificación obstaculiza la capacidad de los investigadores para llevar a cabo ensayos clínicos a gran escala y limita el acceso a la terapia asistida con psilocibina para quienes puedan beneficiarse de ella. Los hongos mágicos han captado la fascinación humana durante siglos y siguen revelando su potencial como herramienta medicinal y terapéutica. Las investigaciones sugieren que la psilocibina, el compuesto activo de los hongos mágicos, puede tener diversas aplicaciones en el campo de la salud mental, incluido el tratamiento de la depresión, los trastornos de ansiedad, la adicción y la angustia al final de la vida. Las barreras legales y las normativas siguen impidiendo una mayor investigación y uso clínico de esta sustancia natural. A medida que más personas y legisladores reconozcan los beneficios potenciales de los hongos mágicos, es de esperar que se levanten estas barreras, permitiendo una mayor exploración de sus propiedades medicinales y terapéuticas.

ESTUDIOS CIENTÍFICOS RECIENTES SOBRE LOS POSIBLES BENEFICIOS TERAPÉUTICOS DE LOS HONGOS MÁGICOS

Estudios científicos recientes han arrojado luz sobre los posibles beneficios terapéuticos de los hongos mágicos, un tipo de hongo que contiene un compuesto psicoactivo llamado psilocibina. Un estudio realizado por Griffiths et al. (2016) demostró que la terapia asistida con psilocibina era eficaz para reducir los síntomas de depresión y ansiedad en pacientes con cáncer potencialmente mortal. El estudio descubrió que una única dosis de psilocibina producía reducciones significativas de los síntomas depresivos y mejoraba la calidad de vida en general durante un máximo de seis meses. Otro estudio de Carhart-Harris et al. (2016) investigó los efectos de la psilocibina en la depresión resistente al tratamiento. Los investigadores descubrieron que los personas que recibieron psilocibina mostraron una reducción significativamente mayor de los síntomas depresivos en comparación con los que recibieron un placebo, y algunos participantes experimentaron una remisión de los síntomas. Los efectos de la psilocibina persistieron a largo plazo, y los pacientes mostraron mejoras sostenidas del estado de ánimo a los tres y seis meses de seguimiento. Estos hallazgos tienen importantes implicaciones para el tratamiento de trastornos mentales difíciles de tratar con terapias convencionales. Además de la depresión, los hongos mágicos también han demostrado ser prometedores en el tratamiento de otros trastornos psiquiátricos. Un estudio de Palhano-Fontes et al. (2019) demostró que la terapia asistida con psilocibina era eficaz para reducir los síntomas del trastorno depresivo mayor en un pequeño grupo de pacientes. El estudio descubrió que la psilocibina produjo un aumento del bienestar emocional y una mejora del procesamiento emocional. Otro estudio realizado por Grob et al. (2011) exploró el uso de la psilocibina en el tratamiento de la ansiedad relacionada con el cáncer en fase avanzada. Los investigadores descubrieron que la psicoterapia asistida con psilocibina reducía la ansiedad y mejoraba el estado de ánimo de los pacientes, y que los efectos duraban hasta seis meses. Estos estudios aportan pruebas de los posibles beneficios terapéuticos de los hongos mágicos en el tratamiento de diversas afecciones mentales. Los resultados sugieren que la psilocibina, cuando se administra en un entorno controlado y de apoyo, tiene la capacidad de producir cambios positivos profundos y duraderos en el bienestar psicológico. Es importante señalar que estos estudios se llevaron a cabo en condiciones estrictamente controladas con profesionales formados, y debe tenerse precaución al considerar el uso de hongos mágicos fuera de un entorno clínico. A pesar de los prometedores resultados, se necesita más investigación para comprender plenamente los mecanismos terapéuticos de los hongos mágicos y desarrollar protocolos de tratamiento seguros y eficaces. No obstante, las recientes investigaciones científicas sobre los posibles beneficios terapéuticos de los hongos mágicos han abierto nuevas vías para el tratamiento de trastornos mentales resistentes a las terapias convencionales. Los hallazgos cuestionan la estigmatización de los psicodélicos y subrayan la necesidad de seguir explorando su potencial terapéutico. A medida que se amplía el campo de la terapia asistida por psicodélicos, se espera que los hongos mágicos puedan proporcionar una herramienta útil en el tratamiento de los trastornos

mentales, ofreciendo esperanza a quienes no han encontrado alivio con los métodos tradicionales.

TERAPIA ASISTIDA CON PSILOCIBINA PARA TRASTORNOS MENTALES

La terapia asistida con psilocibina está ganando atención como posible opción de tratamiento para los trastornos mentales. La psilocibina, el compuesto activo de los hongos mágicos, se asocia desde hace tiempo con efectos alucinógenos. Estudios recientes han mostrado resultados prometedores en la utilización de este compuesto en un entorno terapéutico. La terapia asistida con psilocibina implica sesiones guiadas, en las que los personas consumen una dosis controlada de psilocibina bajo la guía de un terapeuta formado. El terapeuta proporciona apoyo durante toda la experiencia, creando un entorno seguro para que las personas exploren sus pensamientos, emociones y traumas subyacentes. La investigación ha demostrado que la terapia asistida con psilocibina puede ser eficaz en el tratamiento de diversos trastornos mentales, como la depresión, la ansiedad, el TEPT y la adicción. Los estudios han demostrado que una sola dosis de psilocibina puede tener efectos positivos profundos y duraderos sobre el bienestar mental, y algunas personas han notificado reducciones significativas de los síntomas depresivos y ansiosos hasta seis meses después del tratamiento. Se cree que el uso terapéutico de la psilocibina se basa en su capacidad para crear un estado de mayor introspección y facilitar una conexión más profunda con las propias emociones y experiencias. Se cree que estos efectos pueden ayudar a los personas a obtener nuevas perspectivas sobre sus vidas, liberarse de patrones de pensamiento negativos y encontrar un mayor significado y propósito. La terapia asistida con psilocibina también puede facilitar la neuroplasticidad, la capacidad del cerebro para reorganizarse y formar nuevas conexiones, lo que es crucial para la recuperación de la salud mental. Aunque aún se están explorando los mecanismos exactos de acción de la psilocibina, se cree que actúa uniéndose a los receptores de serotonina del cerebro, lo que provoca un aumento de la actividad neuronal y la liberación de sustancias neuroquímicas que pueden influir en el estado de ánimo y la cognición. A pesar de los prometedores resultados, es importante señalar que la terapia asistida con psilocibina sólo debe realizarse bajo estricta supervisión médica y en un entorno controlado. Un examen y una preparación adecuados son esenciales para garantizar la seguridad y el bienestar de las personas que se someten a este tratamiento. El uso terapéutico de la psilocibina no está exento de riesgos, y las personas con antecedentes de trastornos psiquiátricos, así como las que corren riesgo de psicosis o padecen ciertas afecciones médicas, deben evitar esta forma de terapia. La situación legal de la psilocibina y su uso terapéutico varía según los países, aunque algunas jurisdicciones permiten excepciones terapéuticas y de investigación en determinadas condiciones. A medida que se amplía la investigación en este campo, es importante fomentar el diálogo abierto y la investigación científica para comprender plenamente los posibles beneficios y riesgos asociados a la terapia asistida con psilocibina. Se necesitan más estudios para investigar los efectos a largo plazo, la dosis óptima y las posibles interacciones con otros tratamientos. A pesar de estos retos, el uso terapéutico de la psilocibina encierra un inmenso potencial para revolucionar la atención a la salud mental. Dado que los tratamientos convencionales para los trastornos mentales no suelen proporcionar un alivio duradero, la terapia asistida con psilocibina ofrece un enfoque alternativo que se dirige a las causas subyacentes en lugar de limitarse a aliviar los síntomas. Si ampliamos nuestros conocimientos sobre el potencial terapéutico de este compuesto y seguimos llevando a cabo investigaciones rigurosas, podremos allanar el camino hacia tratamientos seguros y eficaces que pueden mejorar profundamente la vida de las personas que luchan contra los trastornos mentales.

MEJORA DEL ESTADO DE ÁNIMO, LA ANSIEDAD Y LA CALIDAD DE VIDA SEGÚN LOS PACIENTES

Además de los profundos efectos sobre la espiritualidad y la percepción, el consumo de hongos mágicos también se ha asociado a mejoras del estado de ánimo, la ansiedad y la calidad de vida, según informan los pacientes. Numerosos estudios han demostrado el potencial de la psilocibina para aliviar los síntomas de la depresión y los trastornos de ansiedad. Por ejemplo, en un estudio realizado por Griffiths et al. (2008), los participantes que recibieron una única dosis de psilocibina informaron de reducciones significativas en los niveles de depresión y ansiedad, que se mantuvieron en el seguimiento de seis meses. Se observaron resultados similares en un estudio más reciente de Carhart-Harris et al. (2016), en el que se descubrió que la psilocibina tenía efectos antidepresivos rápidos y duraderos en pacientes con depresión resistente al tratamiento. Estos hallazgos son notables, teniendo en cuenta el escaso éxito de los tratamientos convencionales para estas afecciones. Se ha descubierto que los hongos mágicos mejoran el bienestar emocional y aumentan la sensación de interconexión y empatía entre los consumidores. Esto podría atribuirse a la capacidad de la droga para modular el sistema de la serotonina, que desempeña un papel crucial en la regulación del estado de ánimo y el comportamiento social. Cabe señalar que las mejoras del estado de ánimo y la calidad de vida no se limitan a las personas con trastornos mentales. Incluso personas sanas que han consumido hongos mágicos en entornos controlados han notificado cambios positivos en su estado emocional y su bienestar general. Un estudio realizado por Barrett et al. (2019) demostró que la administración de psilocibina provocaba un aumento del estado de ánimo positivo, la satisfacción vital y el Mindfulness, así como una disminución de los síntomas depresivos y la desesperanza. Estos hallazgos sugieren que los hongos mágicos tienen el potencial de promover el bienestar psicológico y mejorar la calidad de vida en general, independientemente de la presencia o ausencia de un trastorno psiquiátrico. Es importante destacar que los beneficios terapéuticos de los hongos mágicos no se atribuyen únicamente a los efectos psicotrópicos de la psilocibina. La ingestión de estos hongos suele ir acompañada de una experiencia profunda y transformadora, comúnmente denominada "viaje". Esta experiencia se caracteriza por la alteración de la percepción, la introspección y la ruptura de patrones de pensamiento rígidos. Se ha demostrado que las profundas percepciones y la mayor conciencia de uno mismo obtenidas durante el viaje son responsables de los resultados terapéuticos. Las experiencias místicas relatadas por personas que han consumido hongos mágicos se han asociado a un mayor bienestar psicológico y a cambios positivos sostenidos en actitudes, comportamientos y relaciones. Se cree que los aspectos trascendentales y espirituales del viaje contribuyen al potencial terapéutico de esta sustancia. Es importante señalar que, a pesar de los prometedores resultados, se necesita más investigación para comprender plenamente las aplicaciones terapéuticas de los hongos mágicos. Los estudios actuales se han centrado principalmente en muestras de pequeño tamaño y efectos a corto plazo. La investigación futura debería tener como objetivo investigar los beneficios a largo plazo y los riesgos potenciales asociados al consumo sostenido.

El desarrollo de protocolos estandarizados para una administración segura y controlada es crucial para garantizar unos resultados terapéuticos óptimos y minimizar los posibles daños. Las mejoras en el estado de ánimo, la ansiedad y la calidad de vida comunicadas por pacientes que han consumido hongos mágicos subrayan el potencial de estas sustancias como herramientas valiosas en el tratamiento de afecciones mentales y la promoción del bienestar psicológico.

MECANISMO DE ACCIÓN POTENCIAL Y FUTURAS LÍNEAS DE INVESTIGACIÓN

El posible mecanismo de acción de la psilocibina, el principal componente psicoactivo de los hongos mágicos, sigue siendo objeto de investigación. Se han propuesto varias hipótesis para explicar cómo ejerce la psilocibina sus profundos efectos sobre la conciencia y la percepción. Una de las principales teorías sugiere que la psilocibina actúa sobre el sistema serotoninérgico, dirigiéndose específicamente a los receptores 5-HT2A del cerebro. Se cree que la activación de estos receptores modula la liberación de diversos neurotransmisores, como la dopamina y el glutamato, lo que conduce a la alteración de los procesos cognitivos y la percepción sensorial. Otra hipótesis sugiere que la psilocibina aumenta la conectividad general del cerebro al alterar la red de modo por defecto, una red de regiones cerebrales responsables del pensamiento autorreferencial y la introspección. Esta alteración puede conducir a la disolución de los límites del ego y a la inducción de experiencias místicas o trascendentes. Estudios recientes han sugerido que la psilocibina puede promover la neuroplasticidad y la neurogénesis, ofreciendo potencialmente beneficios terapéuticos para trastornos mentales como la depresión y la ansiedad. A pesar del creciente interés y de los prometedores hallazgos, la investigación sobre los hongos mágicos aún está en pañales, y quedan numerosas vías para futuras investigaciones. Un área clave de interés es la exploración de los efectos a largo plazo de la psilocibina en el cerebro y la salud mental. Aunque se sabe que las experiencias psicodélicas agudas son transitorias, las pruebas sugieren que ciertos cambios psicológicos, como el aumento de la apertura y la disminución de la ansiedad, pueden persistir mucho tiempo después de que la droga haya abandonado el sistema. Comprender los mecanismos subyacentes a estos efectos a largo plazo puede aportar valiosas ideas sobre el potencial terapéutico de la psilocibina para diversos trastornos psiquiátricos. Otra dirección importante para la investigación futura es la optimización de los protocolos de terapia asistida con psilocibina. Los ensayos clínicos han mostrado resultados prometedores para el uso de la psilocibina en el tratamiento de la depresión, la adicción y la angustia al final de la vida. Aún se están explorando la dosis, el conjunto y el entorno óptimos para las sesiones terapéuticas. Afinar estas variables puede mejorar la eficacia y la seguridad de las terapias asistidas con psicodélicos, garantizando que las personas reciban el máximo beneficio de estos tratamientos. Investigar el perfil de seguridad y los riesgos potenciales asociados al consumo de psilocibina es imprescindible para la integración responsable de los hongos mágicos en la sociedad. Aunque la psilocibina ha demostrado un potencial de abuso relativamente bajo, no está exenta de riesgos. En algunos personas se han notificado reacciones adversas, como angustia psicológica aguda, reacciones de pánico y episodios psicóticos. La investigación sobre los factores predictivos de estas reacciones adversas, así como el desarrollo de estrategias de reducción de riesgos, pueden ayudar a mitigar los daños potenciales y optimizar las condiciones de uso de la psilocibina. Se necesita más trabajo para comprender las experiencias espirituales y místicas inducidas por la psilocibina y su papel potencial en el bienestar psicológico y el crecimiento personal. Los estudios han demostrado que estas experiencias pueden tener efectos profundos y transformadores en las personas, y a menudo se citan como uno de los aspectos más significativos de la experiencia psicodélica. Investigar los mecanismos subyacentes a estas experiencias y su impacto en diversos ámbitos de la vida humana puede ampliar nuestra comprensión de la conciencia, mejorar los enfoques psicoterapéuticos e informar el desarrollo de intervenciones dirigidas a aumentar el bienestar y la resiliencia.

El posible mecanismo de acción de la psilocibina y las futuras líneas de investigación en torno a los hongos mágicos son polifacéticos y amplios. Investigando los mecanismos subyacentes, optimizando los protocolos terapéuticos, examinando los perfiles de seguridad y explorando su significado espiritual, los investigadores pueden liberar todo el potencial de los hongos mágicos como herramienta valiosa en el tratamiento de la salud mental y el crecimiento personal. En los últimos años, el tema de los hongos mágicos ha suscitado una gran atención tanto en círculos científicos como culturales. Desde su cultivo y consumo hasta sus posibles efectos espirituales y perceptivos, los hongos mágicos se han convertido en objeto de fascinación para muchos. Cultivar hongos mágicos es un proceso meticuloso que requiere condiciones específicas y una cuidadosa atención a los detalles. El proceso de cultivo suele implicar cultivar los hongos en interiores, en un entorno controlado, como una bolsa de cultivo o un terrario. Este entorno controlado permite regular la temperatura, la humedad y la iluminación, que son cruciales para el crecimiento y desarrollo de los hongos. El proceso de cultivo implica la inoculación de esporas de hongos en un sustrato, como grano o serrín, que sirve de fuente de nutrientes para que los hongos crezcan.

Una vez que los hongos han alcanzado la madurez, pueden recolectarse y secarse para su consumo o procesamiento posterior. El consumo de hongos mágicos se ha documentado a lo largo de la historia, y diversas culturas los han incorporado a sus prácticas espirituales y religiosas. Los efectos del consumo de hongos mágicos se atribuyen principalmente a la presencia de un compuesto llamado psilocibina. Cuando se ingiere, la psilocibina se convierte rápidamente en el organismo en psilocina, una sustancia química que actúa sobre los receptores de serotonina del cerebro. Esta interacción provoca una alteración de la percepción, incluidas alucinaciones visuales, cambios en la percepción del tiempo y una mayor sensación de introspección y espiritualidad. Estos efectos pueden variar mucho según la dosis consumida, el estado mental del individuo y el entorno en el que se consumen los hongos. Más allá de sus posibles efectos espirituales y perceptivos, los hongos mágicos también han atraído la atención por sus posibles usos terapéuticos. La investigación ha demostrado que la terapia asistida con psilocibina puede ser eficaz para tratar diversos trastornos mentales, como la depresión resistente al tratamiento, la ansiedad y los trastornos por consumo de sustancias. Se cree que los efectos terapéuticos de la psilocibina se deben a su capacidad para producir un profundo cambio en la percepción y la conciencia del individuo. Este cambio puede permitir al individuo adquirir nuevas percepciones, enfrentarse a problemas emocionales no resueltos y experimentar una sensación de interconexión y unidad con su entorno. Es importante señalar que el uso terapéutico de los hongos mágicos se encuentra aún en sus primeras fases, y se necesita más investigación para comprender plenamente sus beneficios y riesgos potenciales. A pesar de los posibles usos terapéuticos de los hongos mágicos, también existen riesgos asociados a su consumo. Los efectos de los hongos mágicos pueden ser impredecibles, y cada persona puede responder de forma distinta a la misma dosis. En algunos casos, consumir hongos mágicos puede provocar un mal viaje, caracterizado por miedo intenso, confusión y ansiedad. Los hongos mágicos pueden tener efectos secundarios físicos, como náuseas, aumento de la frecuencia cardiaca y dilatación de las pupilas. Estos efectos secundarios suelen ser temporales y remiten cuando desaparecen los efectos de los hongos. Las personas con afecciones médicas subyacentes o las que toman determinados medicamentos pueden ser más susceptibles a reacciones adversas. Los hongos mágicos se han convertido en objeto de fascinación por su cultivo, consumo y posibles usos terapéuticos. El proceso de cultivo requiere una cuidadosa atención a los detalles y unas condiciones específicas para que los hongos crezcan y se desarrollen. El consumo de hongos mágicos puede producir una percepción alterada y experiencias espirituales, que pueden variar mucho según la dosis, la mentalidad y el entorno. Aunque cada vez hay más pruebas de los posibles beneficios terapéuticos de los hongos mágicos, también existen riesgos asociados a su consumo, como efectos impredecibles y efectos secundarios físicos. Se necesita más investigación para comprender plenamente sus beneficios y riesgos potenciales, y para orientar su uso seguro y responsable.

VIII. EFECTOS DE LOS HONGOS

Los hongos mágicos, también conocidas como hongos psilocibios, se han utilizado durante siglos por sus efectos psicoactivos. Cuando se consume, la psilocibina, el principal compuesto activo de los hongos mágicos, se metaboliza en psilocina en el organismo. La psilocina actúa como agonista de los receptores de serotonina, lo que significa que se une a los receptores de serotonina del cerebro y altera la función del neurotransmisor. Esto provoca cambios profundos en la percepción, la cognición y el estado de ánimo. Los efectos de los hongos mágicos pueden ser muy variables y dependen de diversos factores, como la especie de seta, la dosis, la mentalidad y el entorno del individuo, y la tolerancia personal. Uno de los efectos más destacados de los hongos mágicos es la alteración de la percepción. Los consumidores suelen decir que experimentan alucinaciones visuales y auditivas vívidas y aumentadas. Los colores pueden parecer más intensos, las formas pueden distorsionarse o transformarse, y los sonidos pueden amplificarse o distorsionarse. Estos cambios perceptivos pueden ser a la vez asombrosos y desorientadores, haciendo que el usuario vea el mundo bajo una luz completamente nueva. Esta percepción alterada también puede provocar sinestesia, un fenómeno en el que se fusionan distintas modalidades sensoriales, lo que permite, por ejemplo, ver sonidos o saborear colores. Se cree que estos cambios perceptivos surgen de la alteración de la red de modos por defecto del cerebro, una red de regiones cerebrales implicadas en los pensamientos autorreferenciales y la introspección mental. Los hongos mágicos también tienen profundos efectos sobre la cognición y el estado de ánimo. Los consumidores suelen afirmar que experimentan una sensación de interconexión y unidad con el mundo y los demás. Este sentimiento de unidad puede conducir a una profunda sensación de espiritualidad e introspección, lo que hace que los hongos mágicos sean populares en las prácticas religiosas y espirituales. El estado alterado de consciencia inducido por los hongos mágicos también puede conducir a una profunda introspección y comprensión de los propios pensamientos, emociones y comportamientos. Esta autorreflexión puede ser terapéutica y ayudar al individuo a comprenderse mejor a sí mismo y a sus relaciones. Además de estos efectos positivos, los hongos mágicos también pueden inducir experiencias desafiantes, denominadas comúnmente malos viajes. Estas experiencias pueden caracterizarse por sentimientos de ansiedad, paranoia, confusión y miedo. Estos efectos negativos pueden verse exacerbados por dosis elevadas, un entorno inadecuado o personas con trastornos mentales subyacentes. Es importante tener en cuenta que no todas las personas que consumen hongos mágicos tienen experiencias positivas, por lo que debe procurarse crear un entorno seguro y de apoyo para quienes decidan consumir estas sustancias. Los hongos mágicos han demostrado ser prometedores en el tratamiento de enfermedades mentales como la depresión, la ansiedad y el trastorno de estrés postraumático (TEPT). Las investigaciones han demostrado que la terapia asistida con psilocibina puede reducir significativamente los síntomas depresivos, aumentar el bienestar psicológico y mejorar la calidad de vida. Se cree que los efectos terapéuticos de los hongos mágicos se ven facilitados por su capacidad para promover la neuroplasticidad y mejorar el procesamiento emocional. Se necesita más investigación para comprender plenamente los mecanismos subyacentes a estos efectos terapéuticos y optimizar su aplicación clínica. Los hongos mágicos tienen profundos efectos sobre la percepción, la cognición y el estado de ánimo. Pueden inducir intensas alucinaciones visuales y auditivas, alterar la percepción de uno mismo y del mundo, y facilitar una profunda introspección y experiencias espirituales. Estos efectos pueden variar mucho en función de diversos factores, y no todas las personas tendrán experiencias positivas. Hay que tener cuidado al consumir hongos mágicos para crear un entorno de apoyo y seguridad. Los hongos mágicos han demostrado ser prometedoras como herramienta terapéutica para las afecciones mentales, pero es necesario seguir investigando para comprender plenamente sus beneficios y riesgos potenciales.

EFECTOS FÍSICOS, PSICOLÓGICOS Y COGNITIVOS

Los efectos físicos, psicológicos y cognitivos de los hongos mági-cos han sido objeto de numerosas investigaciones y debates en los últimos años. La psilocibina, el compuesto activo de los hongos mágicos, actúa sobre los receptores de serotonina del cerebro, provocando una amplia gama de cambios fisiológicos y psicológicos. A nivel físico, las personas que consumen hongos mágicos pueden experimentar un aumento de la frecuencia cardiaca y la tensión arterial, dilatación de las pupilas y cambios en la temperatura corporal. Estos efectos son similares a los causados por otros alucinógenos y, en general, no se consideran peligrosos. Debe tenerse precaución en personas con enfermedades cardiovasculares preexistentes. Además de estos efectos físicos, es igualmente importante tener en cuenta las ramificaciones psicológicas del consumo de hongos mágicos. Los hongos mágicos son conocidas por su capacidad para inducir estados alterados de conciencia, que pueden describirse como una combinación de experiencias oníricas y percepción sensorial aumentada. Los consumidores suelen referir cambios en su percepción del tiempo, el espacio y el yo, así como intensas alucinaciones visuales y experiencias sinestésicas. Se cree que estas alteraciones de la percepción están causadas por la activación de los receptores de serotonina en el cerebro, lo que provoca cambios en la actividad neuronal de las áreas responsables del procesamiento y la integración sensoriales. Se ha observado que los hongos mágicos tienen profundos efectos sobre el estado de ánimo y las emociones. Muchos consumidores informan de sentimientos de profunda euforia, seguidos de cerca por la introspección y una mayor sensibilidad a las emociones positivas y negativas. El estado emocional inducido por los hongos mágicos puede variar según el estado mental del individuo, el entorno y la dosis. Es esencial reconocer que pueden producirse efectos psicológicos adversos, como ansiedad, paranoia e incluso psicosis, sobre todo en personas predispuestos a padecer trastornos mentales. Se cree que los hongos mágicos pueden influir en el funcionamiento cognitivo. Varios estudios han sugerido que la psilocibina puede potenciar la creatividad y el pensamiento divergente. Los consumidores suelen describir una mayor capacidad para establecer conexiones entre conceptos e ideas aparentemente inconexos, lo que conduce a nuevas percepciones y avances creativos. Los hongos mágicos se han investigado como posible tratamiento de enfermedades mentales como la depresión y la ansiedad. La capacidad de la psilocibina para inducir experiencias místicas y una sensación de conexión se ha asociado a cambios positivos a largo plazo en la personalidad, la visión del mundo y el bienestar general. Se necesita más investigación para comprender plenamente los mecanismos y las implicaciones de estos efectos cognitivos. Los efectos físicos, psicológicos y cognitivos de los hongos mágicos son polifacéticos y pueden variar mucho según el individuo y el contexto. Mientras que los efectos físicos suelen ser leves y no se consideran peligrosos, los efectos psicológicos y cognitivos pueden ir desde una profunda euforia y una mayor creatividad hasta posibles reacciones adversas como la ansiedad y la psicosis. Es crucial abordar el consumo de hongos mágicos con precaución y que las personas con riesgo de padecer trastornos mentales tengan especial cuidado. Es necesario seguir investigando para comprender plenamente la complejidad de los efectos de los hongos mágicos y sus posibles aplicaciones terapéuticas.

INTENSIDAD Y DURACIÓN DE LOS EFECTOS SEGÚN LA DOSIS Y LOS FACTORES INDIVIDUALES

La intensidad y duración de los efectos producidos por los hongos mágicos pueden variar significativamente en función de la dosis y de factores individuales. En cuanto a la dosis, es importante tener en cuenta que la potencia de los hongos mágicos puede variar según la especie y la variedad. La Psilocybe cubensis, por ejemplo, es una de las especies más comunes y cultivadas, y su potencia puede variar de leve a potente. Una dosis más baja puede producir efectos más leves, como euforia, aumento de la percepción sensorial y una ligera alteración de la percepción del tiempo y el espacio. A medida que aumenta la dosis, los efectos se hacen más intensos, provocando alteraciones profundas de la percepción, alucinaciones y un sentido distorsionado de uno mismo y de la realidad. Los efectos máximos de los hongos mágicos suelen producirse entre 1 y 2 horas después de la ingestión y pueden durar entre 4 y 6 horas. Existe una considerable variabilidad en la respuesta individual, y algunos personas informan de viajes más cortos o más largos. Factores como el peso corporal, el metabolismo y la química cerebral individual pueden influir en la duración e intensidad de los efectos. Los personas con menor peso corporal pueden experimentar efectos más intensos incluso con una dosis menor, mientras que los de mayor peso corporal pueden necesitar una dosis mayor para conseguir efectos similares. El metabolismo también puede influir, ya que los personas con metabolismos más rápidos pueden descomponer la psilocibina más rápidamente, lo que se traduce en una menor duración de los efectos. Por otra parte, los que tienen metabolismos más lentos pueden experimentar un viaje más largo. La química cerebral individual es otro factor importante, ya que cada individuo puede tener distintos niveles de sensibilidad a la psilocibina. Algunos personas pueden experimentar efectos intensos incluso con una dosis baja, mientras que otros pueden necesitar una dosis mayor para sentir los mismos efectos. Las personas con antecedentes de problemas de salud mental, como ansiedad, depresión o psicosis, pueden ser más propensas a experimentar efectos negativos o intensos al tomar hongos mágicos. Es importante que las personas que se planteen consumir hongos mágicos sean conscientes de estos factores y empiecen con una dosis más baja para calibrar su respuesta individual. Se recomienda utilizar una dosis de entre 1 y 2 gramos para los principiantes, aumentando gradualmente la dosis en sesiones posteriores si se desea. Al empezar con una dosis más baja y evaluar la respuesta individual, las personas pueden controlar mejor la intensidad y duración de los efectos, garantizando una experiencia segura y agradable. Es fundamental recordar que los hongos mágicos siguen considerándose una sustancia de la Lista I en muchos países, y su consumo conlleva riesgos legales. Las personas deben actuar con precaución y asegurarse de que se encuentran en un entorno seguro y propicio al consumo de hongos mágicos. Esto incluye estar en presencia de amigos de confianza, contar con una niñera de viaje sobria y evitar situaciones potencialmente peligrosas, como conducir o manejar maquinaria. Comprender la relación entre la dosis, los factores individuales y la intensidad y duración resultantes de los efectos es esencial para las personas interesa-

das en explorar las posibles experiencias espirituales y perceptivas que ofrecen los hongos mágicos.

PERCEPCIÓN DE ESTÍMULOS VISUALES Y AUDITIVOS DURANTE UN VIAJE

Durante un viaje inducido por los hongos mágicos, la percepción de los estímulos visuales y auditivos sufre alteraciones significativas. Estas alteraciones se deben principalmente a los efectos psicodélicos de la psilocibina, el compuesto activo de los hongos mágicos. La percepción visual se vuelve increíblemente vívida e intensa, los colores parecen más vibrantes y los objetos parecen tener mayor profundidad. Las personas suelen decir que experimentan patrones geométricos y visuales intrincados, y que los objetos parecen estar en constante movimiento. Esta percepción visual aumentada suele ir acompañada de sinestesia, un fenómeno en el que los personas experimentan la mezcla de distintas modalidades sensoriales. Por ejemplo, pueden ver sonidos u oír colores durante el viaje. Junto con los cambios en la percepción visual, también se altera la percepción de los estímulos auditivos. Los sonidos pueden intensificarse o distorsionarse, y los personas informan de una mayor sensibilidad a la música y una mayor capacidad para discernir patrones complejos dentro de la música. La armonía y el ritmo de la música pueden adquirir un mayor significado y evocar una respuesta emocional profunda. No es infrecuente que los personas experimenten la música como si se reprodujera directamente dentro de sus mentes, y que el sonido parezca abarcarlo todo y ser casi abrumador. Durante un viaje, los personas también pueden experimentar alucinaciones auditivas, en las que oyen sonidos que en realidad no están presentes. Estas alteraciones auditivas pueden tener un gran impacto en la experiencia global del viaje, ya que contribuyen a la sensación de inmersión y sobrecarga sensorial que suele asociarse al consumo de hongos mágicos. Las alteraciones de la percepción visual y auditiva durante un viaje con hongos mágicos se han relacionado con los efectos de la psilocibina en el cerebro. La psilocibina activa los receptores de serotonina del cerebro, en particular los receptores 5-HT2A, que se sabe que intervienen en la percepción sensorial. Al estimular estos receptores, la psilocibina altera el funcionamiento normal de los sistemas de procesamiento visual y auditivo, dando lugar a las experiencias alucinatorias y sinestésicas de las que informan los personas durante su viaje. La psilocibina también afecta a la red de modo por defecto, una red de regiones cerebrales implicadas en la autorreflexión y el sentido del yo. Esta alteración de la red de modo por defecto puede explicar la sensación de disolución del ego y de unidad con el universo que los personas describen a menudo durante un viaje. Además de las alteraciones perceptivas inducidas por los hongos mágicos, la experiencia global de un viaje también puede verse influida por diversos factores, como el decorado y el entorno. La mentalidad y las expectativas del individuo, así como el entorno físico en el que tiene lugar el viaje, pueden influir enormemente en la naturaleza e intensidad de los efectos perceptivos. Por ejemplo, una mentalidad positiva y un entorno cómodo y seguro suelen asociarse a viajes más positivos y agradables, mientras que una mentalidad negativa o un entorno estresante pueden conducir a una experiencia desafiante o incluso desagradable. Es importante que las personas que se planteen consumir hongos mágicos planifiquen cuidadosamente sus viajes y creen un entorno propicio y de apoyo para maximizar los beneficios potenciales de la experiencia. La percepción de los estímulos visuales y auditivos durante un viaje inducido por hongos mágicos se altera profundamente. La percepción visual se intensifica, con colores vibrantes y visuales intrincados, mientras que la percepción auditiva se agudiza, con sonidos intensificados y una mayor capacidad para discernir patrones en la música. Estas alteraciones se atribuyen a los efectos psicodélicos de la psilocibina, que alteran el funcionamiento normal de los sistemas de procesamiento sensorial del cerebro. Factores como el escenario y la ambientación pueden influir en la experiencia global del viaje. Las alteraciones perceptivas experimentadas durante un viaje de hongos mágicos contribuyen a la naturaleza única y transformadora de la experiencia.

POSIBLES SECUELAS E IMPACTOS A LARGO PLAZO

Los posibles efectos secundarios y las repercusiones a largo plazo del consumo de hongos mágicos son temas muy debatidos entre investigadores y expertos en la materia. Aunque algunos estudios sugieren que la experiencia psicodélica puede tener efectos positivos sobre la salud mental y el bienestar, otros advierten de los riesgos potenciales y las consecuencias duraderas. Una de las posibles secuelas es la aparición de flashbacks, que son reexperiencias espontáneas del viaje psicodélico mucho tiempo después del consumo de hongos mágicos. Estos flashbacks pueden ser angustiosos e interferir en el funcionamiento diario, provocando ansiedad y ataques de pánico. Otro impacto potencial a largo plazo es la exacerbación de enfermedades mentales subyacentes, como psicosis, depresión y trastornos de ansiedad. Aunque los hongos mágicos pueden aliviar inicialmente los síntomas en algunos personas, otros pueden experimentar un empeoramiento de su estado o la aparición de nuevos síntomas psiquiátricos. El consumo repetido o en dosis elevadas de hongos mágicos puede provocar un fenómeno conocido como trastorno de percepción persistente de alucinógenos (HPPD). Este trastorno se caracteriza por la presencia persistente de alteraciones visuales, como patrones geométricos, destellos de luz y colores alterados, incluso cuando no se está bajo la influencia de la droga. La HPPD puede alterar significativamente la percepción visual, afectar a las actividades cotidianas y causar angustia a las personas. Otra preocupación es el impacto potencial sobre la función cognitiva. El consumo prolongado de hongos mágicos se ha asociado a alteraciones de la memoria, la atención y las funciones ejecutivas. Estos déficits cognitivos pueden persistir incluso después de dejar la droga, lo que resulta problemático para las personas que necesitan mantener el rendimiento cognitivo para sus actividades académicas o profesionales. El consumo recreativo de hongos mágicos plantea problemas de seguridad personal y posibles accidentes. El estado alterado de conciencia inducido por la experiencia psicodélica puede alterar el juicio y la coordinación, aumentando el riesgo de accidentes o lesiones. Existe un potencial de dependencia y adicción a los hongos mágicos. Aunque las pruebas actuales sugieren un menor riesgo de adicción en comparación con sustancias como el alcohol o los opiáceos, algunas personas pueden desarrollar una dependencia psicológica de la experiencia psicodélica, lo que conduce a un consumo compulsivo y a ansias de consumo. Dicha dependencia puede repercutir negativamente en la calidad de vida, las relaciones y el bienestar general del individuo. No pueden pasarse por alto las implicaciones legales que rodean al consumo de hongos mágicos. Aunque algunos países y estados han despenalizado o legalizado el consumo de hongos mágicos con fines médicos o recreativos, muchas jurisdicciones consideran que su posesión, cultivo o distribución son actividades ilegales. La violación de estas leyes puede dar lugar a cargos penales, multas y otras consecuencias legales que pueden tener repercusiones duraderas en la vida personal y profesional de una persona. Las posibles secuelas y repercusiones a largo plazo del consumo de hongos mágicos son polifacéticas y están sujetas a investigaciones en curso. Aunque algunas personas pueden experimentar efectos positivos, como la mejora

de la salud mental y el bienestar, también existen riesgos potenciales y consecuencias negativas asociadas a su consumo. Entre
ellos se incluyen los flashbacks, la exacerbación de enfermedades mentales, el trastorno de percepción persistente de alucinógenos, el deterioro cognitivo, los problemas de seguridad personal, el potencial de dependencia y adicción, y las implicaciones
legales. Es esencial que las personas que se planteen consumir
hongos mágicos estén bien informadas sobre estos posibles efectos secundarios y repercusiones a largo plazo, y que tomen decisiones informadas basadas en sus circunstancias individuales y
su tolerancia al riesgo. Los hongos mágicos, también conocidas
como hongos psilocibios, se han utilizado durante siglos en diversas culturas por sus propiedades alucinógenas. Estos hongos
contienen el compuesto psilocibina, que se convierte en psilocina
en el organismo y actúa como un potente agonista de los receptores de serotonina. Cuando se ingiere, la psilocibina se une a
receptores específicos de serotonina en el cerebro, lo que provoca
percepciones y sensaciones alteradas y un aumento de las experiencias emocionales e introspectivas. El cultivo de hongos mágicos suele implicar cultivarlos en un entorno controlado, como un
sustrato de grano, paja o compost, que luego se inocula con esporas o micelio. Este proceso requiere condiciones específicas de
temperatura, humedad y limpieza para garantizar un crecimiento
satisfactorio. Una vez recolectadas, los hongos mágicos pueden
consumirse de varias formas, como comerlas crudas, secarlas y
molerlas hasta convertirlas en polvo para su consumo, o prepararlas en infusión. Los efectos experimentados por el consumo de
hongos mágicos pueden variar significativamente de una persona a otra y dependen de diversos factores, como la dosis, la

tolerancia individual y el conjunto y el entorno. Los efectos habituales pueden incluir distorsiones visuales, cambios en la percepción del tiempo y el espacio, pensamientos y sentimientos introspectivos, aumento de la creatividad e incluso experiencias místicas o espirituales. Estos efectos suelen ir acompañados de una sensación de euforia, tranquilidad e interconexión con el entorno. Es importante señalar que los hongos mágicos también pueden inducir efectos negativos, sobre todo en dosis elevadas o en personas con trastornos mentales preexistentes. Estos efectos pueden incluir ansiedad, pánico, confusión, paranoia e incluso episodios psicóticos. Por ello, es fundamental que las personas que se planteen consumir hongos mágicos se informen sobre los riesgos potenciales y las precauciones asociadas a su consumo. A pesar de su larga historia de uso con fines recreativos y espirituales, los hongos mágicos siguen siendo ilegales en muchos países, incluido Estados Unidos. En algunos países, como Brasil y Jamaica, el consumo de hongos mágicos es legal, o al menos está despenalizado, en determinadas circunstancias. En la mayoría de los países, la posesión, el cultivo y la distribución de hongos mágicos se consideran ilegales y pueden dar lugar a cargos penales. La legalidad de los hongos mágicos ha sido un tema de debate permanente y ha suscitado discusiones sobre la reforma de la política de drogas y los posibles usos terapéuticos de estas sustancias. En los últimos años, la investigación científica ha mostrado resultados prometedores sobre el potencial terapéutico de la psilocibina, especialmente en el tratamiento de enfermedades mentales como la depresión, la ansiedad y la adicción. Los estudios han descubierto que la terapia asistida con psilocibina puede producir mejoras significativas del estado de ánimo, un mayor bienestar e incluso reducciones duraderas de los síntomas. Estas investigaciones han despertado el interés de científicos, profesionales de la salud mental y responsables políticos, y han dado lugar a llamamientos para que se siga investigando y se reconsidere la situación legal de los hongos mágicos. Los hongos mágicos tienen una larga y compleja historia que abarca múltiples culturas y épocas. Han sido veneradas por sus propiedades de alteración mental y sus posibles experiencias espirituales. Su consumo también conlleva riesgos, y su estatus legal sigue siendo polémico. A medida que sigue ampliándose la investigación sobre el potencial terapéutico de la psilocibina, es crucial mantener debates informados sobre los beneficios y riesgos de los hongos mágicos y explorar la posible integración de estas sustancias en la sociedad contemporánea.

IX. RIESGOS Y PRECAUCIONES

Aunque los hongos mágicos son conocidas por sus efectos alteradores de la mente y sus posibles beneficios terapéuticos, es importante reconocer los riesgos asociados a su consumo. En primer lugar, los hongos mágicos contienen un potente compuesto psicodélico llamado psilocibina, que tiene la capacidad de inducir alucinaciones y distorsiones de la percepción. Estos efectos pueden ser abrumadores para las personas que no estén preparadas o no tengan experiencia en navegar por estados alterados de conciencia, provocando ansiedad, pánico o incluso psicosis en casos extremos. Los efectos de los hongos mágicos pueden variar enormemente en función de la dosis, el estado mental del individuo y el entorno en el que se consumen. Es crucial actuar con precaución y empezar con dosis más bajas para evaluar la sensibilidad y tolerancia de cada uno a la sustancia.

A menudo se confunden los hongos mágicos con especies tóxicas que pueden causar intoxicaciones graves o incluso la muerte. Sin los conocimientos y la experiencia adecuados en la identificación de hongos, las personas pueden consumir inadvertidamente variedades venenosas, lo que puede provocar graves complicaciones de salud. Es esencial estar bien informado y consultar a micólogos expertos o buscadores de hongos experimentados para asegurarse de que las especies que se consumen son seguras y no tóxicas. Una educación adecuada sobre la identificación, recolección y preparación de los hongos mágicos es primordial para minimizar los riesgos que entrañan.

Otra preocupación asociada al consumo de hongos mágicos es la posibilidad de reacciones psicológicas adversas. Aunque muchos consumidores informan de experiencias positivas, se han dado casos de usuarios que experimentan lo que se conoce como un "mal viaje", caracterizado por una intensa angustia psicológica, paranoia o incluso episodios psicóticos. Estas reacciones pueden verse exacerbadas por enfermedades mentales preexistentes como la depresión, los trastornos de ansiedad o la esquizofrenia. Es crucial que las personas con antecedentes de problemas de salud mental tengan cuidado al considerar el consumo de hongos mágicos, ya que pueden ser más susceptibles de sufrir efectos psicológicos negativos. Cabe señalar que el consumo de hongos mágicos no está exento de riesgos legales y sociales. En muchos países, la posesión, cultivo o distribución de hongos mágicos se considera ilegal y puede dar lugar a cargos penales. Esto se debe principalmente a las propiedades psicoactivas de la psilocibina, que clasifican a los hongos mágicos como sustancias controladas en la mayoría de las jurisdicciones. Las personas deben conocer las implicaciones legales asociadas al cultivo, consumo y transporte de los hongos, ya que varían de un país a otro. El potencial de crecimiento espiritual y personal del consumo de hongos mágicos debe abordarse con precaución y respeto. Aunque muchas personas informan de experiencias espirituales profundas y de una mayor conciencia de sí mismas, es esencial recordar que estas sustancias no son una solución rápida ni un camino garantizado hacia la iluminación. Los hongos mágicos deben abordarse con una mentalidad responsable y reflexiva, incorporando la configuración y el ajuste adecuados para maximizar los beneficios potenciales y minimizar los riesgos asociados a su consumo.

Los hongos mágicos plantean ciertos riesgos que no deben pasarse por alto. Sus potentes efectos psicodélicos, el potencial de consumo de hongos tóxicos, las reacciones psicológicas adversas, las implicaciones legales y la necesidad de un uso responsable e informado son factores que deben tenerse en cuenta. Una educación, preparación y comprensión adecuadas de la propia salud mental son cruciales a la hora de embarcarse en un viaje con hongos mágicos. Al abordarlas con respeto y precaución, las personas pueden maximizar los posibles beneficios terapéuticos y minimizar los riesgos potenciales asociados a su consumo.

RIESGOS POTENCIALES Y EFECTOS ADVERSOS DEL CONSUMO DE HONGOS

El consumo de hongos mágicos plantea riesgos potenciales y efectos adversos que deben considerarse cuidadosamente. En primer lugar, existe el riesgo de experimentar un "mal viaje", que se refiere a una experiencia profundamente negativa y angustiosa mientras se está bajo la influencia de la psilocibina. Esto puede manifestarse como ansiedad extrema, paranoia o incluso ataques de pánico. Estos episodios pueden ser especialmente traumáticos para las personas que ya son propensas a padecer trastornos mentales, como depresión o ansiedad. Se sabe que los hongos mágicos exacerban los síntomas psicóticos en personas con esquizofrenia subyacente u otras enfermedades mentales graves. La alteración de la percepción y la cognición causada por la psilocibina puede deteriorar aún más su estado mental y provocar delirios o alucinaciones. El consumo de hongos mágicos puede tener consecuencias físicas. Los consumidores pueden experimentar náuseas, vómitos y diarrea, que pueden ser especialmente angustiosos, sobre todo cuando se combinan con la alteración del estado mental. Estos síntomas físicos también pueden contribuir a una sensación de desconexión de la realidad y a una sensación general de malestar. Las personas embarazadas o en período de lactancia deben tener precaución al considerar el consumo de hongos mágicos, ya que se desconocen en gran medida los efectos de la psilocibina sobre el desarrollo fetal y la salud infantil. Es crucial tener en cuenta que la psilocibina plantea riesgos significativos, sobre todo cuando se combina con otras sustancias. Mezclar hongos mágicos con alcohol u otras drogas puede dar lugar a interacciones imprevisibles e intensificar los efectos adversos. Esto podría dar lugar a situaciones peligrosas o causar daños tanto al consumidor como a los que le rodean. Existen implicaciones legales asociadas al consumo de hongos mágicos. En muchos países, la posesión, la venta y el cultivo de hongos mágicos son ilegales. Participar en estas actividades puede acarrear cargos penales, multas e incluso penas de prisión. Las consecuencias legales ponen aún más de relieve la gravedad de los riesgos asociados al consumo de hongos mágicos. Los riesgos potenciales y los efectos adversos del consumo de hongos mágicos exigen una consideración cuidadosa y una toma de decisiones responsable. Las personas deben ser conscientes de su estado de salud mental antes de participar en esta intensa experiencia psicodélica. Las personas con predisposición a padecer enfermedades mentales o las que tomen medicamentos que puedan interactuar con la psilocibina deben extremar las precauciones. Es vital tener en cuenta el malestar físico que puede provocar el consumo de hongos mágicos y las posibles implicaciones para las personas embarazadas o en periodo de lactancia. Los riesgos se agravan cuando se mezclan con otras sustancias, lo que subraya la necesidad de tomar decisiones responsables e informadas cuando se trata del consumo de hongos mágicos. Las personas deben ser conscientes de las implicaciones legales que rodean la posesión, la venta y el cultivo de hongos mágicos. Al sopesar los riesgos potenciales junto con el deseo de explorar estados alterados de conciencia, las personas pueden tomar decisiones informadas que den prioridad a su bienestar y minimicen los daños. Reconocer y comprender los riesgos potenciales y los efectos adversos es primordial para navegar por el mundo de los hongos mágicos de forma responsable y segura.

PELIGROS DE LA IDENTIFICACIÓN ERRÓNEA Y DEL USO DE ESPECIES VENENOSAS PARECIDAS

Nunca se insistirá lo suficiente en los peligros de la identificación errónea y el consumo de especies venenosas similares al consumir hongos mágicos. Los hongos psicodélicos se pueden encontrar en todo el mundo, con numerosas especies que varían en apariencia. Algunas son seguras para el consumo, mientras que otras son muy tóxicas. Identificar erróneamente una especie de aspecto venenoso puede acarrear graves consecuencias, como enfermedad, fallo orgánico e incluso la muerte. Uno de los ejemplos más notables de especie parecida mortal es la Amanita muscaria, también conocida como agárico de mosca. Aunque esta especie posee características visuales distintivas que la diferencian de otros hongos psicodélicos, los buscadores inexpertos pueden confundirla con una variedad segura y psicoactiva. Consumir Amanita muscaria puede provocar síntomas como náuseas intensas, vómitos, dolor abdominal y diarrea. El verdadero peligro reside en los compuestos tóxicos presentes en esta especie, como el ácido iboténico y el muscimol. Estas sustancias pueden causar confusión, delirio, convulsiones e incluso coma. En algunos casos, la ingestión de Amanita muscaria ha provocado desenlaces mortales. Otra especie parecida potencialmente letal es la mortífera Galerina. Esta seta se parece mucho a variedades comestibles como las del género Psilocybe, por lo que resulta difícil diferenciarlas. A diferencia de los hongos del género Psilocybe, la Galerina contiene altos niveles de toxinas mortales, sobre todo amatoxinas. Cuando se ingieren, estas toxinas atacan al hígado, provocando insuficiencia hepática y potencialmente la muerte en pocos días. Es crucial que las personas conozcan y comprendan en profundidad las distintas especies de hongos mágicos y sus equivalentes tóxicos antes de plantearse su consumo. La identificación precisa puede ser una tarea difícil incluso para micólogos experimentados, por no hablar de los novatos que intentan buscar hongos psicodélicos. Una identificación errónea puede tener consecuencias desastrosas. Por ello, se recomienda encarecidamente buscar orientación profesional o asistir a talleres que enseñen técnicas seguras de identificación de hongos. Confiar en los recursos en línea o en los libros para la identificación no siempre es fiable, ya que las imágenes por sí solas pueden no captar los intrincados detalles necesarios para una clasificación precisa. Nunca se insistirá lo suficiente en la importancia de la precaución a la hora de consumir hongos mágicos. Es imperativo comprobar tres veces la identificación de cualquier hongo antes de considerar su consumo, asegurándose de que coincide con las descripciones y características de las especies psicodélicas seguras. Incluso los buscadores de hongos experimentados pueden cometer errores, ya que ciertas variables como los factores ambientales, la edad y las mutaciones pueden afectar al aspecto de los hongos. Es esencial reevaluar el proceso de identificación cada vez que las personas se encuentren con hongos mágicos, independientemente de su experiencia previa. Entablar conversaciones y establecer contactos con micólogos expertos o entusiastas psicodélicos experimentados puede aportar valiosas ideas que ayuden a minimizar los riesgos asociados a la identificación errónea. La identificación errónea y el consumo de especies venenosas parecidas al consumir hongos mágicos pueden tener graves consecuencias. Los peligros potenciales incluyen el fallo orgánico, el coma y la muerte. Los hongos Amanita muscaria y Galerina son ejemplos destacados de especies parecidas mortales que requieren especial precaución durante su identificación. Para mitigar los riesgos, es vital buscar orientación profesional, asistir a talleres y mantenerse al día sobre las técnicas de identificación precisas. Reevaluar continuamente el proceso de identificación y pedir consejo a los expertos puede minimizar la probabilidad de ingestión accidental de hongos venenosos. Dar prioridad a la seguridad y al conocimiento exhaustivo desempeña un papel crucial para minimizar los peligros asociados a la identificación errónea y al uso de especies venenosas de aspecto similar.

RIESGOS PSICOLÓGICOS Y POTENCIAL PARA DESENCADENAR O EMPEORAR EPISODIOS PSICÓTICOS

Los riesgos psicológicos asociados al consumo de hongos mágicos se derivan de su potencial para desencadenar o exacerbar episodios psicóticos. La psilocibina, el compuesto activo de los hongos mágicos, interactúa con los receptores de serotonina del cerebro, provocando alteraciones de la percepción, la cognición y el estado de ánimo. Aunque muchos consumidores informan de experiencias positivas, como el aumento de la creatividad y las percepciones espirituales, un subgrupo de personas puede tener reacciones adversas. Estas reacciones adversas pueden incluir ansiedad intensa, paranoia y alucinaciones, que pueden ser especialmente angustiosas para quienes tienen predisposición a padecer trastornos mentales. De hecho, las personas con antecedentes de psicosis o antecedentes familiares de trastornos psicóticos son especialmente vulnerables a los riesgos psicológicos asociados al consumo de hongos mágicos. Las alucinaciones experimentadas durante un episodio psicótico pueden ser vívidas, inquietantes y difíciles de distinguir de la realidad. El estado alterado de conciencia inducido por los hongos mágicos puede intensificar las creencias delirantes existentes o desencadenar la aparición de nuevos delirios. La posibilidad de que se produzcan estas reacciones psicológicas adversas pone de relieve la necesidad de tener precaución al considerar el consumo de hongos mágicos, sobre todo en personas con antecedentes de enfermedad mental. Es importante señalar que el riesgo de un episodio psicótico desencadenado por los hongos mágicos es relativamente bajo en comparación con otras sustancias, como los estimulantes o los alucinógenos como el LSD. Aun así, es un riesgo que no debe despreciarse, sobre todo para las personas vulnerables. La investigación ha demostrado que los efectos psicológicos de la psilocibina dependen de la dosis, lo que significa que las dosis más altas tienen más probabilidades de provocar experiencias intensas y un mayor riesgo de reacciones adversas. Las personas deben empezar con una dosis baja y aumentarla gradualmente si no se consiguen los efectos deseados. El entorno en el que se consumen los hongos mágicos también puede influir en los riesgos psicológicos asociados a su consumo. Los estudios han demostrado que el contexto y el entorno en el que las personas consumen psicodélicos pueden influir enormemente en sus experiencias. Un entorno de apoyo, tranquilo y cómodo puede ayudar a reducir los sentimientos de ansiedad o paranoia, mientras que un entorno caótico o estresante puede aumentar la probabilidad de experiencias negativas. Es importante considerar cuidadosamente el entorno y asegurarse de que los personas se sientan seguros y apoyados durante el viaje. Para minimizar los riesgos psicológicos potenciales del consumo de hongos mágicos, es esencial realizar un consumo responsable e informado. Esto incluye investigar a fondo, comprender los riesgos potenciales y tomar decisiones informadas basadas en las circunstancias individuales. Para las personas vulnerables, como las que tienen antecedentes de enfermedad mental, puede ser aconsejable evitar los hongos mágicos por completo. Buscar la orientación de profesionales, como terapeutas o líderes de retiros psicodélicos experimentados, puede proporcionar un valioso apoyo y asistencia a lo largo del proceso. Estos profesionales pueden ayudar a las personas a navegar por cualquier experiencia desafiante y proporcionar un espacio para procesar las emociones y percepciones que puedan surgir. El consumo de hongos mágicos conlleva riesgos psicológicos, sobre todo para las personas con antecedentes de enfermedad mental o predisposición a trastornos psicóticos. Aunque muchos personas tienen experiencias positivas, no debe pasarse por alto el potencial de desencadenar o empeorar episodios psicóticos. Un consumo responsable, que incluya empezar con dosis bajas, crear un entorno de apoyo y buscar orientación cuando sea necesario, puede ayudar a mitigar estos riesgos. La decisión de consumir hongos mágicos debe tomarse tras una cuidadosa consideración de las circunstancias individuales y en consulta con profesionales, teniendo en cuenta el impacto psicológico potencial.

PRECAUCIONES IMPORTANTES, COMO EVITAR DETERMINADOS MEDICAMENTOS Y ENTORNOS

Hay que tomar precauciones importantes al consumir hongos mágicos, como evitar ciertos medicamentos y entornos. Ante todo, es crucial evitar tomar cualquier medicamento que pueda interactuar con los efectos psicodélicos de los hongos mágicos. Algunos antidepresivos, como los inhibidores selectivos de la recaptación de serotonina (ISRS), pueden inhibir los efectos de la psilocibina, el compuesto activo de los hongos mágicos. La mezcla de estos medicamentos con los hongos mágicos puede provocar una disminución o alteración de los efectos, lo que puede conducir a una experiencia desagradable o ineficaz. Se recomienda consultar a un profesional sanitario antes de decidir consumir hongos mágicos, sobre todo si se está tomando algún medicamento. Es importante ser consciente del entorno en el que se consumen los hongos mágicos. Esto incluye tanto el entorno físico como la mentalidad psicológica. Los hongos mágicos se disfrutan mejor en un entorno cómodo y seguro, preferiblemente con amigos íntimos o personas de confianza que también tengan experiencia con psicodélicos. Se aconseja elegir un espacio familiar y acogedor, preferiblemente con elementos tranquilizadores y estéticamente agradables, ya que esto puede mejorar enormemente la experiencia global. Realizar un viaje en un entorno caótico o abarrotado puede aumentar la probabilidad de experimentar ansiedad o paranoia, ya que los estímulos externos pueden desempeñar un papel importante en la configuración de la experiencia psicodélica. Hay que asegurarse de estar en un estado mental estable antes de consumir hongos mágicos. Es aconsejable evitar consumirlas en momentos de angustia emocional o agitación mental extrema, ya que la experiencia psicodélica puede amplificar estos sentimientos negativos, provocando potencialmente un viaje abrumador e inquietante. Practicar el Mindfulness y realizar actividades tranquilizadoras como la meditación o ejercicios de respiración profunda antes del consumo puede ayudar a crear una mentalidad positiva y reducir el riesgo de sufrir efectos psicológicos adversos. En resumen, tomar las precauciones necesarias antes de consumir hongos mágicos es crucial. Evitar los medicamentos que puedan interactuar con la psilocibina y elegir el entorno adecuado son factores esenciales a tener en cuenta. Teniendo en cuenta estas precauciones, las personas pueden asegurarse una experiencia psicodélica más segura y agradable. En los últimos años, ha crecido el interés por el cultivo, el consumo, la espiritualidad y la percepción en torno a los hongos mágicos. Este ensayo pretende explorar diversos aspectos relacionados con este tema, incluyendo guías, historia, usos, efectos, riesgos, leyes, normativas y más. Los hongos mágicos, también conocidas como hongos psilocibios, contienen potentes compuestos psicoactivos que pueden inducir experiencias alucinógenas. El cultivo de estos hongos requiere una cuidadosa consideración de los factores ambientales, como la temperatura, la humedad y el sustrato. Se han desarrollado diversas técnicas para facilitar su crecimiento, incluido el uso de kits de cultivo y esporas de hongos. El consumo de hongos mágicos es una práctica arraigada en distintas culturas, donde suelen utilizarse con fines espirituales y religiosos. Las culturas indígenas, como las de América Central y del Sur, han incorporado estos hongos a sus rituales durante siglos, valorando su capacidad para conectar a las personas con los reinos espirituales y mejorar la autoconciencia. Los efectos del consumo de hongos mágicos pueden variar en función de factores como la dosis, la susceptibilidad individual y el escenario y el entorno. Los consumidores pueden experimentar alteraciones de la percepción, el estado de ánimo y la cognición, que a menudo conducen a una sensación de unidad con el entorno y a una disolución del ego. Estas profundas experiencias han despertado el interés científico, dando lugar a investigaciones sobre el potencial terapéutico de la psilocibina para trastornos como la depresión, la ansiedad y el trastorno de estrés postraumático. Es importante señalar que el consumo de hongos mágicos conlleva ciertos riesgos. Algunas personas pueden experimentar ansiedad, confusión o paranoia durante sus experiencias psicodélicas, sobre todo con dosis elevadas. Existe la posibilidad de sufrir daños indirectos al consumir hongos silvestres, ya que una identificación errónea podría conducir a la ingestión de especies venenosas. Debido a estos riesgos, existen leyes y normativas que regulan el uso y la posesión de hongos psilocibios. El estatus legal de los hongos mágicos varía según las distintas jurisdicciones, y algunos países permiten exenciones religiosas o científicas. En los últimos años, se ha producido un creciente movimiento mundial que aboga por la despenalización o legalización de los hongos psilocibios debido a sus posibles beneficios terapéuticos y a su relativamente bajo potencial de adicción o daño. La exploración de los hongos mágicos en el contexto de la percepción y la espiritualidad plantea preguntas que invitan a la reflexión sobre la naturaleza de la realidad y la conciencia. Estas sustancias han demostrado ser prometedoras para ampliar la comprensión de los personas sobre su propia mente y el mundo que les rodea. Tienen el potencial de inducir experiencias místicas caracterizadas por una sensación de asombro, interconexión y profunda perspicacia, desafiando las nociones convencionales de existencia y espiritualidad. A medida que se investiga más sobre los efectos y usos de los hongos mágicos, es crucial abordar este tema con rigor científico y prácticas de consumo responsables. Una información clara y precisa es esencial tanto para las personas que se plantean consumir hongos mágicos como para los responsables políticos encargados de elaborar normativas adecuadas. Si examinamos este tema polifacético desde múltiples perspectivas -cultivo, consumo, espiritualidad, percepción, guías, historia, usos, efectos, riesgos, leyes, normativas, etc.- podremos comprender mejor la importancia y el impacto de los hongos mágicos en nuestra sociedad y cultura.

X. ESTATUS LEGAL DE LOS HONGOS

La situación legal de los hongos mágicos varía según los países y regiones. En algunos lugares están clasificadas como sustancias ilegales, mientras que en otros están despenalizadas o incluso legalizadas. Por ejemplo, en Estados Unidos, los hongos mágicos están clasificadas como sustancias de la Lista I, lo que significa que se considera que tienen un alto potencial de abuso y ningún uso médico aceptado. Esta clasificación las sitúa en la misma categoría que drogas como la heroína y el LSD. Existen algunas excepciones a nivel estatal. En los últimos años, varios estados, como Colorado, California y Oregón, han aprobado leyes que despenalizan la posesión y el cultivo de hongos mágicos o permiten su uso médico regulado. En estos estados, las personas pueden poseer y consumir legalmente hongos mágicos con fines personales o medicinales, en determinadas condiciones. Por otra parte, en países como Holanda y Brasil, se han despenalizado los hongos mágicos para uso personal, pero su venta y distribución siguen siendo ilegales. Esto significa que los personas pueden poseer y consumir hongos mágicos sin enfrentarse a cargos penales, pero sigue siendo ilegal cultivarlos o venderlos. Cabe señalar que incluso en los lugares donde los hongos mágicos son legales o están despenalizados, a menudo existen normas y restricciones. Por ejemplo, en Oregón, donde se han legalizado para uso terapéutico, las personas sólo pueden acceder a los hongos mágicos a través de instalaciones autorizadas y con receta de un profesional sanitario cualificado. El uso recreativo de los hongos mágicos puede estar sujeto a ciertas limitaciones, como restricciones de edad o límites de cantidad. La situación legal de los hongos mágicos es objeto de continuos debates y cambios. Sus defensores sostienen que debe reconocerse el potencial terapéutico de estas sustancias y que la actual penalización sólo sirve para limitar el acceso a tratamientos potencialmente beneficiosos. Señalan estudios que sugieren que los hongos mágicos pueden tener efectos positivos en el tratamiento de afecciones como la depresión, la ansiedad y la adicción. Por otra parte, los opositores expresan su preocupación por los riesgos potenciales del consumo de hongos mágicos, incluida la posibilidad de reacciones adversas o daños psicológicos. Argumentan que son necesarias normas y controles estrictos para evitar el uso indebido y proteger la salud pública. El estatus legal de los hongos mágicos también plantea cuestiones sobre la libertad personal, la autonomía individual y el papel del Estado en la regulación de las elecciones personales. Algunos sostienen que los adultos deberían poder tomar sus propias decisiones sobre el consumo de drogas, siempre que no perjudiquen a los demás. Otros creen que el Estado tiene la responsabilidad de proteger a las personas de posibles daños y que ciertas sustancias deberían seguir siendo ilegales. A medida que siga evolucionando la comprensión científica de los hongos mágicos, es probable que también cambie el panorama legal que rodea a estas sustancias. La investigación en curso sobre su potencial terapéutico, así como las actitudes públicas y legislativas hacia la política de drogas, desempeñarán papeles cruciales en la configuración del futuro estatus legal de los hongos mágicos. Comprender los diversos marcos jurídicos vigentes en todo el mundo es esencial para las personas que deseen consumir hongos mágicos de forma segura y responsable.

VISIÓN GENERAL DE LAS LEYES Y NORMATIVAS VIGENTES EN TODO EL MUNDO

Una visión general de las leyes y normativas vigentes en todo el mundo revela un panorama legal diverso y fragmentado en lo que respecta al cultivo, consumo y posesión de hongos mágicos. En muchos países, los hongos mágicos están clasificadas como sustancias ilegales debido a la presencia de compuestos psicoactivos como la psilocibina y la psilocina. Estados Unidos, por ejemplo, clasifica la psilocibina como sustancia controlada de la Lista I, lo que indica un alto potencial de abuso y ningún uso médico aceptado. Existen algunas excepciones a nivel estatal, con recientes esfuerzos de despenalización en ciudades como Denver y Oakland, así como iniciativas estatales en Oregón y Washington, D.C. Otros países han adoptado un enfoque diferente, reconociendo los posibles beneficios terapéuticos de la psilocibina y permitiendo su uso en entornos controlados. En Canadá, por ejemplo, se ha autorizado el uso médico limitado de la psilocibina, y las personas pueden solicitar exenciones para consumirla en determinadas circunstancias. Del mismo modo, el Tribunal Supremo de Brasil ha dictaminado que la posesión y el cultivo de hongos mágicos para uso personal no son delitos penales. Por otra parte, países como Austria, Dinamarca y Alemania tienen leyes más estrictas que penalizan la posesión, el cultivo y la venta de hongos mágicos. En algunos casos, la legalidad de los hongos mágicos puede variar dentro de un mismo país, como ocurre en Australia, donde su clasificación difiere entre estados y territorios. La situación legal de los hongos mágicos también se ve influida por los acuerdos internacionales. Por ejemplo, el Convenio de las Naciones Unidas sobre Sustancias Psicotrópicas, ratificado por muchos países, somete a control la psilocibina y la psilocina, por lo que su producción, posesión y distribución son ilegales. A pesar de las estrictas regulaciones que rodean a los hongos mágicos, ha habido un movimiento creciente para reevaluar su estatus legal. Sus defensores argumentan que el potencial terapéutico de la psilocibina para tratar enfermedades mentales como la depresión, la ansiedad y el trastorno de estrés postraumático supera los riesgos asociados a su consumo. No puede pasarse por alto el significado cultural y espiritual de los hongos mágicos, ya que muchas comunidades indígenas los han utilizado durante siglos en ceremonias tradicionales y prácticas curativas. Esto ha llevado a algunas jurisdicciones a explorar modelos alternativos, como la despenalización o regulación de los hongos mágicos con fines medicinales o religiosos. Las leyes y normativas relativas a los hongos mágicos varían significativamente de un país a otro, e incluso dentro de una misma región. Mientras que muchas naciones penalizan su posesión, cultivo y venta, otras han aplicado políticas más indulgentes que reconocen los posibles beneficios médicos y espirituales asociados a su consumo. Los debates actuales en torno a la situación legal de los hongos mágicos reflejan una discusión más amplia sobre la política de drogas, la autonomía personal y el potencial terapéutico de las sustancias psicodélicas. A medida que la investigación sigue descubriendo los beneficios y riesgos potenciales de los hongos mágicos, el panorama legal que rodea su consumo sigue siendo un tema de debate y reforma continuos.

VARIACIÓN DEL ESTATUTO JURÍDICO ENTRE LOS DISTINTOS PAÍSES Y REGIONES

La variación del estatus legal entre los distintos países y regiones es prominente cuando se examinan las leyes y normativas que rodean a los hongos mágicos. Estos hongos, conocidos por sus propiedades alucinógenas, han sido venerados por sus usos espirituales y medicinales en diversas culturas a lo largo de la historia. La legalidad de los hongos mágicos difiere significativamente en todo el mundo. Varios países, como Brasil, Jamaica y Holanda, han adoptado un enfoque más indulgente, en el que la venta, posesión y consumo de hongos mágicos están permitidos o tolerados hasta cierto punto. En estas regiones, suele haber una aceptación cultural y un reconocimiento del valor sacramental y terapéutico de estas sustancias. Por el contrario, muchos países, incluidos Estados Unidos y varias naciones asiáticas, adoptan una postura más estricta, clasificando los hongos mágicos como sustancias ilegales. En Estados Unidos, por ejemplo, los hongos mágicos están clasificadas como sustancias controladas de la Lista I, junto a drogas como la heroína y el LSD. Esta clasificación implica que tienen un alto potencial de abuso y carecen de cualquier uso médico reconocido. En consecuencia, la posesión, venta y cultivo de estos hongos son ilegales en la mayor parte del país, con la excepción de unos pocos estados que han despenalizado o permitido su uso terapéutico. La severidad de las penas por delitos relacionados con los hongos mágicos varía según las jurisdicciones. En algunos países, la posesión de pequeñas cantidades se trata como un delito menor, que da lugar a multas o programas de desvío. En otros, como Malasia y Singapur, la posesión o el tráfico de hongos mágicos puede acarrear penas severas, que incluyen el encarcelamiento e incluso la pena de muerte. Esta marcada divergencia en el estatus legal refleja las distintas perspectivas sobre los riesgos y beneficios asociados a los hongos mágicos y la influencia de los climas culturales, sociales y políticos. Las discrepancias en el estatus legal también ponen de manifiesto los retos a los que se enfrentan las personas que pretenden estudiar o consumir hongos mágicos con fines legítimos, como la investigación científica o la exploración espiritual. Las restricciones impuestas por la ley pueden obstaculizar los avances científicos en la comprensión de los posibles efectos terapéuticos de los hongos mágicos e impedir el fomento de una base de conocimientos exhaustiva. Del mismo modo, las personas que incorporan los hongos mágicos a sus prácticas espirituales pueden enfrentarse a repercusiones legales, limitando su capacidad para expresar y explorar plenamente sus creencias. Las disparidades en el estatus legal pueden crear potencialmente un mercado negro de hongos mágicos, dando lugar a redes clandestinas de producción y distribución que plantean riesgos adicionales para los consumidores. La variación del estatus legal entre distintos países y regiones refleja, en última instancia, la compleja interacción entre la investigación científica, las normas culturales y los procesos de elaboración de políticas. Con cada vez más pruebas que sugieren el potencial terapéutico de los hongos mágicos para tratar diversos trastornos mentales, como la depresión, la ansiedad y la adicción, algunas regiones podrían reconsiderar sus marcos legales. El camino hacia el cambio suele ser arduo y requiere una amplia investigación científica, un discurso público y voluntad política. No obstante, a medida que las sociedades evolucionan y los conocimientos sobre los beneficios y riesgos de los hongos mágicos siguen ampliándose, es esencial que los sistemas jurídicos se adapten en consecuencia, garantizando el equilibrio adecuado entre la salud pública y las libertades individuales.

INICIATIVAS DE DESPENALIZACIÓN Y LEGALIZACIÓN

Las iniciativas de despenalización y legalización de los hongos mágicos han cobrado un gran impulso en los últimos años. Con una mayor comprensión de los beneficios potenciales de la psilocibina, muchos estados y países están reconsiderando su postura respecto a estas sustancias. Las iniciativas de despenalización pretenden principalmente cambiar las leyes que penalizan la posesión y el consumo de hongos mágicos, considerándolos de baja prioridad para la aplicación de la ley. Por otro lado, las iniciativas de legalización pretenden establecer un sistema regulado que permita el cultivo, la venta y el consumo de hongos que contienen psilocibina. Los defensores de estas iniciativas argumentan que dichas políticas no sólo respetarían la libertad y la autonomía personales, sino que también fomentarían la salud y la seguridad públicas. Al despenalizar o legalizar los hongos mágicos, los defensores sostienen que las personas con necesidades terapéuticas o espirituales podrían acceder a estas sustancias bajo la orientación de profesionales capacitados, reduciendo los riesgos asociados al consumo sin supervisión. Estas iniciativas suelen estar impulsadas por las crecientes pruebas que sugieren el potencial de la psilocibina para tratar diversos trastornos mentales, como la depresión y la ansiedad, así como para mejorar el bienestar psicológico. Con un acceso regulado, los investigadores y médicos podrían realizar estudios rigurosos sobre las aplicaciones terapéuticas de la psilocibina, contribuyendo al campo más amplio de la ciencia médica. Aunque se discuten ampliamente los resultados positivos de la despenalización y la legalización, los críticos expresan su preocupación por los riesgos potenciales y los retos asociados a estas iniciativas. Sostienen que sin una educación adecuada y medidas de reducción de daños, las personas vulnerables pueden correr un mayor riesgo de experimentar efectos adversos o desarrollar pautas de consumo perjudiciales. Los detractores destacan la importancia de una investigación científica rigurosa para establecer pautas de dosificación adecuadas, mejores prácticas y posibles interacciones de la psilocibina con otros medicamentos. Los críticos sostienen que la despenalización o legalización generalizada puede conducir inadvertidamente a un aumento del abuso o mal uso de sustancias, como se ha visto en ciertos casos con la proliferación de la marihuana tras su legalización en algunos estados. A medida que avanza el debate en torno a la despenalización y la legalización, los responsables políticos se enfrentan al reto de encontrar un equilibrio entre las libertades individuales y la seguridad pública. Es primordial elaborar legislaciones responsables que protejan a las poblaciones vulnerables, respetando al mismo tiempo las opciones personales. Esto implica proporcionar una educación accesible sobre los riesgos y los beneficios potenciales de los hongos mágicos, así como aplicar estrategias de reducción de daños para apoyar un consumo seguro e informado. Estas iniciativas deben tener como objetivo proporcionar un marco regulador sólido que garantice el control de calidad, evite el comercio ilícito y promueva el uso responsable. Para ello, es crucial la colaboración entre organismos gubernamentales, investigadores, profesionales médicos y organizaciones comunitarias. Trabajando juntos, es posible desarrollar políticas basadas en pruebas que aborden los complejos problemas sociales asociados a los hongos mágicos, fomentando al mismo tiempo la autonomía y el bienestar individuales. El resultado de las iniciativas de despenalización y legalización determinará el futuro del acceso a la psilocibina y su regulación. Equilibrar los beneficios y riesgos potenciales de los hongos mágicos es de vital importancia para garantizar que las políticas se basen en pruebas científicas, consideraciones éticas y una comprensión global del impacto social. Estas iniciativas tienen el potencial de cambiar la conversación en torno a los psicodélicos, destacando su potencial terapéutico y espiritual, y allanando el camino para un enfoque más matizado y progresista de la política de drogas. Una toma de decisiones prudente e informada debe guiar la evolución de estas iniciativas para navegar por el complejo panorama de la regulación de sustancias.

CAMBIOS RECIENTES EN LA PERCEPCIÓN PÚBLICA Y POSIBLES CAMBIOS FUTUROS EN EL ESTATUTO JURÍDICO

Los recientes cambios en la percepción pública y los posibles cambios futuros en la situación legal han suscitado un renovado interés por los hongos mágicos. Tradicionalmente, estos hongos psicodélicos se asociaron durante mucho tiempo a los movimientos contraculturales y a la espiritualidad alternativa. En los últimos años, se ha producido un cambio notable en la percepción pública de estas sustancias. Este cambio puede atribuirse a diversos factores, como el aumento de la investigación científica que destaca sus posibles beneficios terapéuticos y un movimiento creciente que aboga por la despenalización o legalización de los hongos mágicos. Estos acontecimientos han suscitado debates sobre los posibles cambios futuros en el estatus legal que pueden esperar a estas sustancias. Un factor significativo que ha contribuido a los recientes cambios en la percepción pública es la aparición de investigaciones científicas que destacan los posibles beneficios terapéuticos de los hongos mágicos. Los estudios han indicado que la psilocibina, el compuesto activo de estos hongos, puede tener un impacto positivo en afecciones mentales como la depresión, la ansiedad y el trastorno de estrés postraumático (TEPT). La investigación ha demostrado que, en entornos controlados, la psilocibina puede facilitar experiencias profundas que conducen a mejoras duraderas del estado de ánimo, el bienestar y el comportamiento. Estos hallazgos han generado entusiasmo entre los investigadores, los profesionales sanitarios y el público en general, lo que ha conducido a una visión más favorable de los hongos mágicos como herramientas potenciales para las intervenciones terapéuticas.

El creciente movimiento que aboga por la despenalización o legalización de los hongos mágicos ha contribuido al cambio de percepción pública. De forma similar a la trayectoria observada con el cannabis, los partidarios argumentan que penalizar la posesión y el consumo de estas sustancias es ineficaz e innecesariamente punitivo. Sostienen que tratar los hongos mágicos como una cuestión médica y de salud pública, en lugar de penal, permitiría un enfoque más matizado de su regulación. Este movimiento ha ganado adeptos en varias jurisdicciones, lo que ha dado lugar a diversos cambios políticos. Por ejemplo, en 2020, el estado de Oregón se convirtió en la primera jurisdicción de Estados Unidos en legalizar el uso terapéutico de la psilocibina, allanando el camino para posibles cambios futuros en el estatus legal en otros lugares. La perspectiva de posibles cambios futuros en el estatus legal de los hongos mágicos es objeto de considerable debate y especulación. Mientras que algunos sostienen que la despenalización o legalización es el siguiente paso lógico, dadas las crecientes pruebas de sus beneficios terapéuticos, otros siguen mostrándose escépticos sobre los posibles riesgos e implicaciones asociados al uso generalizado de estas sustancias. Las preocupaciones incluyen el potencial de abuso, los efectos adversos sobre las poblaciones vulnerables y la necesidad de una regulación y una educación sólidas para salvaguardar la salud y la seguridad públicas. Los tratados internacionales de control de drogas clasifican actualmente la psilocibina como sustancia de la Lista I, lo que restringe su uso y plantea desafíos legales a cualquier posible cambio de estatus legal.

Los recientes cambios en la percepción pública y los posibles cambios futuros en el estatus legal han despertado un renovado interés por los hongos mágicos. La aparición de investigaciones científicas que destacan los beneficios terapéuticos de la psilocibina ha desempeñado un papel importante en la alteración de la percepción pública. El creciente movimiento que aboga por la despenalización o legalización de estas sustancias ha cobrado impulso en varias jurisdicciones. Los posibles cambios futuros en el estatus legal siguen siendo inciertos y están sujetos a debate, dadas las preocupaciones sobre los riesgos y las implicaciones asociadas a su consumo. El camino hacia la reevaluación del estatus legal de los hongos mágicos requerirá una cuidadosa consideración de las pruebas científicas, la opinión pública y los marcos normativos. Los hongos mágicos, también conocidas como hongos psicodélicos, son un tipo de hongos que contienen un compuesto psicodélico natural llamado psilocibina. Estos hongos tienen una larga historia de uso con fines espirituales, medicinales y recreativos. El cultivo de hongos mágicos puede ser un proceso complejo que requiere una cuidadosa atención a los detalles y un cierto nivel de conocimientos y experiencia. Uno de los factores clave para cultivar hongos mágicos con éxito es crear el entorno adecuado para su crecimiento. Esto incluye proporcionar las condiciones ideales de temperatura, humedad y luz. Las distintas especies de hongos mágicos pueden tener condiciones óptimas ligeramente diferentes, por lo que es importante investigar los requisitos específicos de la especie de hongo que piensas cultivar. Otro factor importante para cultivar hongos mágicos con éxito es elegir el sustrato adecuado. El sustrato se refiere al medio en el que crecerán los hongos, como grano, paja o compost.

El tipo de sustrato utilizado puede afectar a la velocidad de crecimiento, el rendimiento y la calidad general de los hongos. Una vez que los hongos se han cultivado con éxito, pueden consumirse de diversas maneras. Algunas personas eligen simplemente comer los hongos crudos, mientras que otras prefieren convertirlos en infusiones o incorporarlos a otros alimentos. Los efectos de los hongos mágicos pueden variar según la persona y la dosis consumida. Entre los efectos más comunes están la alteración de la percepción de la realidad, las alucinaciones visuales y auditivas, la distorsión de la noción del tiempo y los cambios en el estado de ánimo y las emociones. Estos efectos se describen a menudo como similares a los del LSD, aunque las experiencias concretas pueden ser bastante únicas para cada individuo. Además del uso recreativo de los hongos mágicos, también se han utilizado durante siglos en ceremonias espirituales y religiosas. Muchas culturas indígenas han venerado durante mucho tiempo estos hongos como sacramentos que pueden ayudar a las personas a adquirir una comprensión más profunda del mundo y de su lugar en él. Algunos estudios han sugerido incluso que los hongos mágicos pueden tener potencial terapéutico para tratar una serie de trastornos mentales, como la depresión, la ansiedad y la adicción. Es importante señalar que estos estudios se encuentran aún en sus primeras fases, y se necesita más investigación para comprender plenamente los beneficios y riesgos potenciales del uso de hongos mágicos con fines medicinales. En cuanto a la situación legal, el cultivo, la posesión y el consumo de hongos mágicos son ilegales en muchos países, incluido Estados Unidos. Existen algunas excepciones y variaciones en las leyes relativas a los hongos mágicos, que pueden variar de un estado a otro. En los últimos años, ha habido un movimiento creciente para despenalizar o legalizar el consumo de hongos mágicos con fines médicos o recreativos, y varias jurisdicciones ya han dado pasos en esta dirección. No obstante, es importante familiarizarse con las leyes y normativas locales antes de emprender cualquier actividad relacionada con los hongos mágicos. Los hongos mágicos ofrecen una oportunidad única y fascinante de explorar los reinos de la conciencia, la percepción y la espiritualidad. Tanto si se cultivan para uso personal como si se aceptan por sus posibles beneficios terapéuticos, estos hongos místicos siguen cautivando la imaginación de investigadores, entusiastas y mentes curiosas por igual. A medida que evolucione la comprensión científica de los hongos mágicos, será interesante ver cómo se integran en la sociedad moderna y qué nuevos conocimientos pueden ofrecer sobre las profundidades de la conciencia humana.

XI. NORMAS Y MEDIDAS DE SEGURIDAD

En lo que respecta al cultivo, consumo y comercio de hongos mágicos, la normativa y las medidas de seguridad varían enormemente entre los distintos países y jurisdicciones. En algunos lugares, los hongos mágicos están clasificadas como sustancias ilegales, por lo que su cultivo, posesión y venta constituyen un delito. Estas estrictas normativas suelen estar influidas por la preocupación sobre su potencial de abuso y sus efectos psicoactivos. También hay regiones en las que el consumo de hongos mágicos se ha despenalizado o incluso legalizado, en determinadas condiciones. Estas medidas sirven para reconocer el antiguo uso cultural y espiritual de los hongos, así como sus posibles beneficios terapéuticos. En estas zonas, se establecen normativas para garantizar el uso seguro y responsable de los hongos mágicos. Un ejemplo de país en el que se ha despenalizado el consumo de hongos mágicos es Holanda. Desde 2008, la posesión y el consumo de pequeñas cantidades de hongos alucinógenos están permitidos bajo una normativa específica, lo que ha convertido al país en un destino popular para los turistas interesados en esta experiencia que altera la mente. El cultivo y la venta de hongos mágicos siguen siendo ilegales en Holanda. Este marco regulador pretende lograr un equilibrio entre las libertades individuales y la seguridad pública, garantizando que el consumo de hongos mágicos esté controlado y vigilado. Otro país que ha adoptado un enfoque progresista respecto a la regulación de los hongos mágicos es Portugal. En 2001, Portugal despenalizó la posesión y el consumo de todas las drogas, incluidos los hongos mágicos, y cambió su enfoque hacia un modelo de salud pública y reducción de daños. Esto significa que las personas que se encuentran en posesión de pequeñas cantidades de hongos mágicos no están sujetas a cargos penales. En su lugar, pueden ser remitidos a una comisión de disuasión, cuyo objetivo es proporcionarles información, asesoramiento y apoyo. Este enfoque reconoce que la drogadicción es un problema de salud más que un asunto penal, y anima a las personas a buscar ayuda si la necesitan.

En contraste con los países con normativas más permisivas, hay lugares que mantienen prohibiciones estrictas sobre el consumo y el cultivo de hongos mágicos. En Estados Unidos, por ejemplo, la posesión y venta de psilocibina, el compuesto psicoactivo que se encuentra en los hongos mágicos, se considera una sustancia controlada de la Lista I, lo que la sitúa en la misma categoría que drogas como la heroína y el LSD. Esta clasificación refleja la creencia del gobierno de que los hongos mágicos no tienen ningún uso médico aceptado y un alto potencial de abuso. Existe un movimiento creciente que aboga por la despenalización y regulación de los hongos mágicos, citando sus posibles beneficios terapéuticos para enfermedades mentales como la depresión y el TEPT. La normativa y las medidas de seguridad en torno a los hongos mágicos varían considerablemente en todo el mundo. Mientras que algunos países han aplicado enfoques progresistas, reconociendo los usos culturales, espirituales y terapéuticos potenciales de los hongos mágicos, otros mantienen prohibiciones estrictas. Estas normativas pretenden equilibrar los problemas de seguridad pública con las libertades personales y los beneficios potenciales asociados al consumo de hongos mágicos. A medida que la investigación sigue arrojando luz sobre los posibles beneficios terapéuticos de la psilocibina y los hongos mágicos, es probable que el panorama normativo siga evolucionando, y que más países exploren marcos alternativos para garantizar el uso responsable y seguro de estas sustancias psicodélicas. Normativa y restricciones gubernamentales relacionadas con el cultivo, la distribución y la posesión de hongos mágicos

Las normativas y restricciones gubernamentales relacionadas con el cultivo, la distribución y la posesión de hongos mágicos varían enormemente en todo el mundo. En algunos países, como Brasil y Jamaica, el consumo de hongos mágicos es legal y está regulado. En Brasil, por ejemplo, el cultivo, la distribución y la posesión de hongos mágicos para uso personal están despenalizados, lo que permite a los personas consumirlos con fines espirituales o medicinales sin temor a repercusiones legales. Del mismo modo, en Jamaica, el consumo de hongos mágicos está legalizado y regulado con fines religiosos dentro de la comunidad rastafari. En muchos otros países, como Estados Unidos, Canadá y el Reino Unido, los hongos mágicos están clasificadas como sustancias ilegales, por lo que su cultivo, distribución y posesión están estrictamente prohibidos. En Estados Unidos, los hongos mágicos están clasificados como sustancias de la Lista I de la Ley de Sustancias Controladas. Esto significa que se considera que tienen un alto potencial de abuso y ningún uso médico aceptado, por lo que su cultivo, distribución y posesión son ilegales. Algunos estados han implantado sus propias normativas en torno a los hongos mágicos. Por ejemplo, en Oregón se ha despenalizado la posesión y el cultivo de pequeñas cantidades de hongos mágicos para uso personal, mientras que en California, Oakland y Santa Cruz han despenalizado la posesión y el consumo de hongos mágicos para uso personal. En 2020, el estado de Oregón aprobó una medida que legalizaba el uso terapéutico y médico de la psilocibina, el principio activo de los hongos mágicos, en determinadas condiciones. Estos avances ponen de manifiesto una tendencia creciente hacia la despenalización y la medicalización de los hongos mágicos en Estados Unidos.

En Canadá, la normativa sobre los hongos mágicos es similar a la de Estados Unidos. Están clasificadas como sustancias de la Lista III de la Ley de Drogas y Sustancias Controladas, lo que significa que su posesión y distribución son ilegales. En agosto de 2020, la ciudad de Vancouver se convirtió en la primera de Canadá en despenalizar efectivamente la posesión de pequeñas cantidades de hongos mágicos para uso personal. Esta medida subraya el cambio de actitud hacia las sustancias psicodélicas y sus posibles beneficios terapéuticos en Canadá. En el Reino Unido, los hongos mágicos también están clasificadas como sustancias ilegales en virtud de la Ley sobre el Uso Indebido de Drogas. Su posesión, cultivo y distribución están prohibidos, y las personas en posesión de hongos mágicos pueden enfrentarse a cargos penales. Se han hecho llamamientos para reformar la normativa sobre los hongos mágicos en el Reino Unido. En los últimos años, ha aumentado el número de pruebas que respaldan el potencial terapéutico de los psicodélicos, incluidas los hongos mágicos, en el tratamiento de trastornos mentales. Esto ha llevado a algunos defensores a abogar por una revisión de la normativa actual y una posible reclasificación de estas sustancias. La normativa y las restricciones relacionadas con el cultivo, la distribución y la posesión de hongos mágicos varían de un país a otro. Mientras que algunas jurisdicciones han aceptado sus posibles beneficios terapéuticos y han aplicado normativas para despenalizar o legalizar su consumo, otras mantienen prohibiciones estrictas. A medida que siguen aumentando las investigaciones sobre los beneficios potenciales de los hongos mágicos, queda por ver cómo evolucionarán estas normativas en los próximos años.

MEDIDAS DE SEGURIDAD PARA GARANTIZAR UN CONSUMO RESPONSABLE Y MINIMIZAR LOS DAÑOS

Las medidas de seguridad para garantizar un consumo responsable y minimizar los daños son esenciales cuando se trata del consumo de hongos mágicos. Un aspecto importante es la identificación precisa de la especie para garantizar el consumo de variedades no tóxicas. Es crucial que las personas conozcan los distintos tipos de hongos mágicos, ya que algunos pueden ser muy venenosos e incluso mortales si se ingieren. Informarse sobre el aspecto y las características de las distintas especies, así como comprender sus respectivos efectos, puede ayudar a minimizar el riesgo de intoxicación accidental. Es vital tener en cuenta la procedencia de los hongos mágicos y sus métodos de cultivo. Obtener los hongos de una fuente fiable y de confianza es crucial para garantizar su seguridad. Hay que tener cuidado al comprar hongos a proveedores desconocidos o recogerlas en la naturaleza sin los conocimientos y la experiencia adecuados, ya que esto puede llevar al consumo inadvertido de variedades tóxicas. La dosificación responsable es primordial para reducir la probabilidad de daños. Se recomienda empezar con pequeñas cantidades e ir aumentando gradualmente la dosis, para que el individuo pueda calibrar su tolerancia y garantizar una experiencia segura. Establecer un entorno cómodo es otra medida de seguridad para minimizar los daños. Consumir hongos mágicos en un entorno de apoyo y controlado puede mitigar el riesgo de accidentes o experiencias negativas. Crear un espacio tranquilo y seguro, libre de peligros potenciales o estímulos desencadenantes, puede ayudar a las personas a navegar por el viaje psicodélico de forma responsable y controlada. Contar con un trip sitter sobrio y experimentado puede proporcionar una capa adicional de seguridad y apoyo. Esta persona puede ofrecer orientación, tranquilidad y ayuda si surgen efectos adversos durante la experiencia. La preparación adecuada y el Mindfulness también son medidas de seguridad clave. Emprender una autorreflexión introspectiva, establecer intenciones claras y participar activamente en la experiencia con una mentalidad positiva puede contribuir a un viaje más significativo y controlado. Comprender y respetar los posibles efectos psicológicos y emocionales de los hongos mágicos son aspectos cruciales para garantizar un consumo responsable y minimizar los daños. Es esencial ser consciente de las posibles contraindicaciones e interacciones con otras sustancias o medicamentos. Los hongos mágicos pueden tener graves implicaciones para la salud cuando se combinan con ciertos medicamentos, como antidepresivos u otras drogas psicoactivas. Se recomienda encarecidamente consultar a un profesional sanitario antes de consumir hongos mágicos para evitar cualquier reacción fisiológica adversa y garantizar la seguridad general. Aplicar medidas de seguridad para fomentar el consumo responsable y minimizar los daños es de suma importancia cuando se trata del consumo de hongos mágicos. Una identificación precisa, unas fuentes fiables, una dosificación responsable, un entorno adecuado y una preparación apropiada son elementos vitales para reducir los riesgos potenciales. Manteniéndose informados y adoptando un enfoque prudente, las personas pueden garantizar experiencias seguras y transformadoras con los hongos mágicos.

EL PAPEL DE LAS ORGANIZACIONES DE REDUCCIÓN DE DAÑOS A LA HORA DE PROPORCIONAR EDUCACIÓN Y APOYO

Las organizaciones de reducción de daños desempeñan un papel crucial a la hora de proporcionar educación y apoyo a las personas que consumen drogas, incluidas los hongos mágicos. Estas organizaciones pretenden minimizar las consecuencias negativas asociadas al consumo de drogas ofreciendo información, recursos y servicios de apoyo basados en pruebas. En el contexto de los hongos mágicos, las organizaciones de reducción de daños proporcionan educación sobre prácticas de consumo seguras y responsables, reduciendo el riesgo de reacciones adversas o daños. Una forma de conseguirlo es ofrecer talleres y actos de reducción de daños en los que las personas puedan informarse sobre los riesgos y beneficios potenciales del consumo de hongos mágicos. Estos talleres suelen incluir debates sobre la dosis, la configuración y el ajuste, así como sobre la importancia de tener un cuidador de confianza presente durante la experiencia. Al proporcionar estos conocimientos, las organizaciones de reducción de daños capacitan a las personas para que tomen decisiones informadas sobre su consumo de drogas, disminuyendo así la probabilidad de usar mal o abusar de los hongos mágicos. Además de la educación, las organizaciones de reducción de daños también ofrecen servicios de apoyo destinados a reducir los daños asociados al consumo de drogas. Muchas personas que consumen hongos mágicos pueden experimentar experiencias desafiantes o difíciles, a menudo denominadas "malos viajes". Estas experiencias pueden ser angustiosas y tener el potencial de provocar daños psicológicos. Las organizaciones de reducción de daños reconocen la importancia de proporcionar apoyo emocional durante estos episodios y pueden ofrecer asesoramiento en situaciones de crisis o servicios de apoyo entre iguales. Estos servicios crean un espacio seguro y sin prejuicios para que las personas hablen de sus experiencias psicodélicas y reciban orientación y consuelo. Al ofrecer apoyo emocional, las organizaciones de reducción de daños ayudan a las personas a superar los aspectos difíciles del consumo de hongos mágicos, minimizando potencialmente el daño psicológico a largo plazo que podría derivarse de una experiencia negativa. Las organizaciones de reducción de daños también desempeñan un papel crucial en la defensa de cambios políticos relacionados con los hongos mágicos. Muchas organizaciones de reducción de daños trabajan activamente para despenalizar o legalizar los hongos mágicos, reconociendo los beneficios terapéuticos potenciales asociados a su consumo. Proporcionan pruebas e investigaciones científicas a los responsables políticos, destacando el potencial terapéutico de los hongos mágicos para tratar trastornos mentales como la depresión y la ansiedad. Al abogar por el cambio, las organizaciones de reducción de daños esperan crear un marco regulador que permita un acceso seguro y controlado a los hongos mágicos, reduciendo los daños potenciales asociados a su ilegalidad. Las organizaciones de reducción de daños desempeñan un papel vital a la hora de proporcionar educación y apoyo a las personas que consumen hongos mágicos. Al ofrecer información y recursos basados en pruebas, capacitan a los personas para tomar decisiones informadas sobre su consumo de drogas, reduciendo el potencial de daño. Proporcionan servicios de apoyo emocional, ayudando a las personas a superar experiencias difíciles y a minimizar los daños psicológicos a largo plazo. Las organizaciones de reducción de daños abogan por cambios políticos para crear un marco regulado que permita un acceso seguro y controlado a los hongos mágicos. Con sus esfuerzos, las organizaciones de reducción de daños contribuyen al bienestar y la seguridad de las personas que deciden consumir hongos mágicos.

CONSIDERACIONES DE SALUD PÚBLICA Y ESTRATEGIAS DE MITIGACIÓN DE RIESGOS

Las consideraciones de salud pública y las estrategias de mitigación de riesgos son cruciales a la hora de examinar el cultivo, el consumo y la percepción de los hongos mágicos. Aunque el uso de estas sustancias psicodélicas puede tener una larga historia, es importante reconocer los riesgos potenciales que entrañan. Una de las principales preocupaciones es la potencia y composición variables de los hongos mágicos, que pueden dificultar la predicción de sus efectos en las personas. Esto puede dar lugar a experiencias impredecibles y a la posibilidad de reacciones adversas. Por ello, es vital promover la educación y la concienciación sobre prácticas de consumo seguras. Animar a las personas a empezar con dosis bajas y aumentarlas gradualmente si lo desean, y a consumir hongos en un entorno cómodo y de apoyo con personas de confianza, puede mitigar algunos de los riesgos potenciales. Es importante insistir en la importancia de unas técnicas de cultivo adecuadas, ya que el uso de sustratos contaminados o de procedimientos de esterilización inadecuados puede dar lugar a la proliferación de bacterias u hongos nocivos. Esto puede provocar graves riesgos para la salud, como infecciones o intoxicaciones. Proporcionar directrices sobre prácticas de cultivo seguras, como técnicas de esterilización y manipulación adecuada de los hongos, puede ayudar a reducir estos riesgos. Es esencial tener en cuenta los posibles efectos psicológicos que los hongos mágicos pueden tener en las personas. Aunque muchos consumidores informan de experiencias positivas, incluidos beneficios espirituales y terapéuticos, otros pueden experimentar ansiedad, paranoia o incluso psicosis. Estos riesgos para la salud mental deben reconocerse y abordarse. Esto puede lograrse fomentando el consumo de hongos en un entorno controlado y de apoyo, en el que las personas se sientan seguras y tengan acceso a profesionales, como expertos en salud mental o terapeutas psicodélicos, que puedan proporcionar orientación y apoyo durante la experiencia. Este enfoque puede ayudar a reducir la probabilidad de reacciones psicológicas negativas y garantizar que los personas reciban la atención adecuada si la necesitan. Es crucial abordar la legalidad del consumo de hongos mágicos. Muchos países y jurisdicciones tienen normativas estrictas o prohibiciones absolutas sobre el cultivo, la posesión y el consumo de estas sustancias. Comprender y cumplir las directrices legales es esencial para evitar sanciones legales y posibles daños a la reputación o las perspectivas de futuro de la persona. Proporcionar información precisa y actualizada sobre la situación legal de los hongos mágicos puede ayudar a las personas a tomar decisiones informadas y reducir su exposición a riesgos legales. Las consideraciones de salud pública y las estrategias de mitigación de riesgos desempeñan un papel fundamental en el cultivo, consumo y percepción seguros de los hongos mágicos. Promoviendo la educación, las prácticas seguras y la concienciación sobre los riesgos potenciales, se puede capacitar a las personas para que tomen decisiones informadas sobre su consumo. Abordar los efectos psicológicos y las implicaciones legales del consumo de hongos mágicos puede ayudar a garantizar el bienestar de las personas y protegerlas de cualquier daño. Con un enfoque global que abarque todos estos factores, la sociedad puede navegar mejor por el complejo panorama del consumo de hongos mágicos, beneficiando tanto a los consumidores individuales como a la salud pública en su conjunto. Los hongos mágicos, también conocidas como hongos psilocibios, tienen una larga historia de uso en diversas culturas con fines espirituales y recreativos. Estos hongos contienen el compuesto psilocibina, responsable de los efectos psicodélicos que producen. El cultivo de hongos mágicos ha ganado popularidad en los últimos años, a medida que más personas tratan de explorar sus beneficios potenciales. El consumo de hongos mágicos no está exento de riesgos y es importante comprender tanto los beneficios potenciales como los peligros asociados a su uso. El cultivo de hongos mágicos puede ser un proceso complejo que requiere una cuidadosa atención a los detalles. Los hongos suelen cultivarse en un entorno controlado, como un laboratorio o una cámara de cultivo especialmente diseñada. El proceso comienza con la inoculación de un sustrato, como grano o serrín, con esporas de una cepa de hongos que contenga psilocibina. El micelio, o la parte vegetativa del hongo, coloniza entonces el sustrato, formando una red de estructuras filamentosas. Cuando el sustrato está totalmente colonizado, suele recubrirse con una capa de material rico en nutrientes, como musgo de turba o vermiculita, para favorecer la formación de los sombreros de los hongos. A continuación, los hongos se recolectan y se secan antes de poder consumirlos.

El consumo de hongos mágicos puede tener un profundo efecto sobre la percepción y la conciencia. La psilocibina es un compuesto psicoactivo que actúa sobre los receptores de serotonina del cerebro, provocando estados alterados de conciencia y un aumento de la percepción sensorial. Muchos consumidores afirman experimentar vívidas alucinaciones visuales, una profunda introspección y una sensación de conexión con el mundo natural. Estas experiencias pueden ser esclarecedoras y transformadoras, lo que lleva a algunos consumidores a describirlas como de naturaleza espiritual o mística. De hecho, las culturas indígenas de todo el mundo llevan siglos utilizando hongos mágicos en rituales y ceremonias espirituales. A pesar de sus beneficios potenciales, el consumo de hongos mágicos no está exento de riesgos. Una de las principales preocupaciones asociadas a su consumo es el riesgo de un "mal viaje", que puede caracterizarse por sentimientos de ansiedad, paranoia y pánico. En algunos casos, estas experiencias negativas pueden ser abrumadoras y provocar efectos psicológicos a largo plazo, como el trastorno de estrés postraumático (TEPT). El consumo de hongos mágicos también puede tener efectos secundarios físicos, como náuseas, vómitos y aumento de la frecuencia cardiaca. Las personas con antecedentes de trastornos mentales o que tomen determinados medicamentos deben tener cuidado al considerar el consumo de hongos mágicos, ya que pueden ser más susceptibles a los efectos negativos. La legalidad del cultivo y consumo de hongos mágicos varía de un país a otro. En algunos lugares, como Brasil y Jamaica, los hongos mágicos son legales y se pueden comprar abiertamente. En la mayoría de los países, incluido Estados Unidos, la posesión, el cultivo y la venta de hongos mágicos son ilegales. La situación legal de los hongos mágicos se basa en gran medida en su clasificación como sustancia controlada de la Lista I, lo que significa que se considera que tienen un alto potencial de abuso y ningún uso médico aceptado. Cada vez hay más pruebas que sugieren que la psilocibina, el compuesto activo de los hongos mágicos, puede tener potencial terapéutico para una serie de enfermedades mentales, como la depresión y el trastorno de estrés postraumático. Por ello, en los últimos años se ha impulsado la despenalización y el uso médico de los hongos mágicos.

Los hongos mágicos tienen una larga historia de uso con fines espirituales y recreativos. El cultivo de hongos mágicos puede ser un proceso complejo que requiere una cuidadosa atención a los detalles. El consumo de hongos mágicos puede tener un profundo efecto sobre la percepción y la conciencia, provocando estados alterados de conciencia y un aumento de la percepción sensorial. El consumo de hongos mágicos no está exento de riesgos y es importante comprender tanto los beneficios potenciales como los peligros asociados a su consumo. La legalidad del cultivo y consumo de hongos mágicos varía de un país a otro; en algunos lugares se permite su uso legal y en otros se prohíbe su posesión, cultivo y venta.

XII. CONTROVERSIAS Y DEBATES

El tema de la política de drogas y la situación legal de los hongos mágicos ha suscitado muchas controversias y debates. Sus defensores sostienen que la prohibición de los hongos mágicos es injustificada y que la sustancia podría tener usos terapéuticos potenciales. Sostienen que la psilocibina, el compuesto activo de los hongos mágicos, ha demostrado ser prometedora en el tratamiento de diversos trastornos mentales, como la depresión, la ansiedad y el TEPT. Se cree que la experiencia psicodélica inducida por los hongos mágicos favorece la autorreflexión, la curación emocional y el crecimiento espiritual. Los defensores de la despenalización o legalización de los hongos mágicos sostienen que las personas deben tener derecho a explorar estados alterados de conciencia y que criminalizar su consumo atenta contra la libertad personal. Sostienen que la penalización de los hongos mágicos conduce a la creación de un mercado clandestino, que puede exponer a los usuarios a sustancias adulteradas o inseguras. Los críticos del enfoque prohibicionista sostienen que el sistema de justicia penal debería centrarse en cuestiones más urgentes y que los recursos que se gastan en procesar a personas por posesión de hongos podrían destinarse mejor a abordar la drogadicción, la educación y la rehabilitación. Por otra parte, los que se oponen a la legalización de los hongos mágicos expresan su preocupación por los riesgos y peligros potenciales asociados a su consumo. Sostienen que la experiencia psicodélica inducida por los hongos mágicos puede ser impredecible y potencialmente perjudicial para algunos personas. Pueden producirse efectos adversos como ansiedad extrema, paranoia y alucinaciones, especialmente en personas predispuestos o con antecedentes de trastornos mentales. Los críticos también advierten que el consumo recreativo de hongos mágicos puede impedir la capacidad del individuo para tomar decisiones con conocimiento de causa y puede aumentar el riesgo de accidentes y lesiones. También preocupa el posible uso indebido y abuso de los hongos mágicos, sobre todo entre poblaciones vulnerables como los adolescentes y las personas con antecedentes de abuso de sustancias. Quienes se oponen a la legalización de los hongos mágicos sostienen que las pruebas científicas disponibles sobre su potencial terapéutico son limitadas y que se necesita más investigación para comprender mejor sus riesgos y beneficios. Abogan por un enfoque prudente, haciendo hincapié en la importancia de los marcos reguladores que garantizan la seguridad y eficacia de cualquier uso terapéutico potencial de los hongos mágicos. El tema de los hongos mágicos ha suscitado numerosos debates y controversias, incorporando una serie de perspectivas y argumentos. Los defensores abogan por la despenalización o legalización de los hongos mágicos, destacando sus posibles beneficios terapéuticos y haciendo hincapié en la libertad personal. Los detractores expresan su preocupación por los riesgos y peligros asociados a su consumo, abogando por un enfoque prudente y haciendo hincapié en la necesidad de seguir investigando. La resolución definitiva de estas controversias y debates requerirá una cuidadosa consideración de las pruebas científicas, las consideraciones éticas y las actitudes sociales hacia la política de drogas y la libertad personal.

DEBATES SOCIALES EN TORNO A LA LEGALIDAD Y EL CONSUMO DE HONGOS

Los debates sociales en torno a la legalidad y el consumo de hongos mágicos han sido un tema de gran contención e interés en los últimos tiempos. Los hongos mágicos, también conocidas como hongos psilocibios, contienen el compuesto psicoactivo psilocibina, que produce efectos alucinógenos cuando se consume. Sus defensores sostienen que el consumo de hongos mágicos puede tener diversos beneficios terapéuticos, como ayudar en el tratamiento de la ansiedad, la depresión y la adicción. La investigación ha demostrado el potencial de la terapia asistida con psilocibina para aliviar eficazmente los síntomas de los trastornos mentales, y algunos estudios sugieren resultados positivos a largo plazo. Sus defensores afirman que el consumo de hongos mágicos puede ser una experiencia espiritual, que conduce al crecimiento personal y a la comprensión. Muchas personas dan fe de la profunda sensación de conexión y trascendencia que experimentan bajo los efectos de la psilocibina. Estos argumentos abogan por la despenalización y legalización de los hongos mágicos, permitiendo que se utilicen en entornos terapéuticos y con fines de crecimiento personal. Por otro lado, los detractores hacen hincapié en los riesgos y peligros potenciales asociados al consumo de hongos mágicos. Sostienen que los efectos alucinógenos de la psilocibina pueden provocar confusión, desorientación y alteración del juicio, lo que puede dar lugar a accidentes o comportamientos peligrosos. Preocupan los efectos a largo plazo del consumo de hongos mágicos, sobre todo en la salud mental y la cognición. Los críticos advierten de la posibilidad de que las personas desarrollen trastornos por consumo de sustancias o experimenten síntomas psicológicos adversos, como flashbacks o psicosis. Los detractores destacan el potencial de uso indebido o abuso de los hongos mágicos, dadas sus propiedades alucinógenas y su potencial para alterar la percepción y la realidad. Estos argumentos abogan por un control y una regulación estrictos de los hongos mágicos, con el objetivo de minimizar los daños y proteger la seguridad pública. El estatus legal de los hongos mágicos varía según las distintas jurisdicciones, lo que contribuye aún más a los debates sociales. En algunos países, los hongos mágicos están clasificadas como sustancias ilegales, junto con otras drogas ilícitas. La posesión, el cultivo y la distribución de hongos mágicos son delitos penales en estas jurisdicciones, con penas que van desde multas a penas de prisión. Ha habido una tendencia creciente hacia la despenalización en determinadas regiones y municipios, donde la posesión y el consumo de pequeñas cantidades de hongos mágicos se tratan como delitos de baja prioridad, similares a una infracción de tráfico. Este enfoque reconoce los posibles beneficios terapéuticos y el bajo potencial de daño asociado a los hongos mágicos, desplazando el enfoque hacia la reducción del daño en lugar de la criminalización.

Los debates sociales en torno a la legalidad y el consumo de hongos mágicos reflejan las complejidades más amplias que rodean a la política de drogas y la tensión entre la libertad personal y la salud pública. A medida que sigan evolucionando la investigación y la comprensión de las sustancias alucinógenas, también lo harán los debates en torno a los hongos mágicos. El potencial terapéutico de la psilocibina se está explorando en ensayos clínicos, con resultados prometedores que podrían conducir a su reconocimiento como forma legítima de terapia. Persiste la preocupación por los riesgos y el potencial de uso indebido, lo que subraya la necesidad de un enfoque prudente y equilibrado de la regulación. Lograr un equilibrio entre la autonomía individual y la seguridad pública requerirá un diálogo continuo, una investigación basada en pruebas y una cuidadosa consideración de los valores sociales.

ARGUMENTOS A FAVOR Y EN CONTRA DE LA LEGALIZACIÓN

Los argumentos a favor y en contra de la legalización de los hongos mágicos son muy debatidos. Los defensores de la legalización sostienen que los hongos mágicos se han utilizado durante miles de años en contextos espirituales y terapéuticos, y que prohibir su consumo vulnera el derecho de las personas a explorar su conciencia y espiritualidad. Sostienen que los hongos mágicos tienen una larga historia de uso tradicional en las culturas indígenas, donde a menudo se consideraban sagradas y se utilizaban en ceremonias para mejorar las experiencias espirituales y conectar con la naturaleza. Los defensores de la legalización sostienen que las investigaciones sugieren que los hongos mágicos pueden tener potencial terapéutico para tratar diversos trastornos mentales, como la depresión, la ansiedad y el TEPT. Los estudios han demostrado que el principio activo de los hongos mágicos, la psilocibina, puede tener efectos positivos duraderos sobre el estado de ánimo y el bienestar, e incluso puede ayudar a las personas a dejar de fumar o a reducir el abuso de sustancias. Los partidarios de la legalización también señalan los posibles beneficios económicos de un mercado regulado de hongos mágicos, como la creación de empleo y el aumento de los ingresos fiscales. Al legalizar y regular la producción y distribución de hongos mágicos, creen que podría eliminarse el mercado clandestino, con sus peligros y riesgos asociados. Por otra parte, los que se oponen a la legalización expresan su preocupación por los riesgos potenciales y los efectos negativos asociados al consumo de hongos mágicos. Sostienen que los hongos mágicos pueden tener efectos impredecibles en las personas, ya que la fuerza y la potencia de las distintas cepas de hongos pueden variar significativamente. Esta variabilidad en la potencia puede provocar experiencias impredecibles, que van desde intensas alucinaciones y euforia hasta sentimientos de ansiedad y paranoia. A los críticos les preocupa que, en un mercado regulado, las personas puedan consumir sin saberlo hongos más potentes de lo que esperaban, aumentando el riesgo de reacciones adversas y situaciones potencialmente peligrosas. Los detractores expresan su preocupación por el potencial de abuso y dependencia de los hongos mágicos. Aunque las investigaciones indican que los hongos mágicos no son físicamente adictivos, algunos personas pueden desarrollar una dependencia psicológica. Los críticos sostienen que el consumo de hongos mágicos podría alterar el juicio y conducir potencialmente a comportamientos peligrosos, como conducir bajo sus efectos. Sostienen que legalizar los hongos mágicos podría aumentar el riesgo de accidentes y daños tanto para los consumidores como para otros miembros de la sociedad. Los argumentos contra la legalización de los hongos mágicos también se centran en el potencial de uso indebido y las consecuencias sociales negativas. Los críticos sostienen que la disponibilidad legal de los hongos mágicos podría normalizar su consumo y aumentar la accesibilidad a poblaciones vulnerables, como los adolescentes y las personas con trastornos mentales. Expresan su preocupación por que, sin una educación y una regulación adecuadas, las personas puedan consumir hongos mágicos de forma irresponsable o en entornos inadecuados, aumentando el riesgo de reacciones adversas y daños. Los opositores expresan su preocupación por la posibilidad de que los hongos mágicos legales se desvíen hacia el mercado de drogas ilícitas. Les preocupa que la legalización de los hongos mágicos pueda contribuir inadvertidamente a la disponibilidad general de drogas y al potencial de abuso de drogas en la sociedad.

Los argumentos a favor y en contra de la legalización de los hongos mágicos son complejos y polifacéticos. Los defensores sostienen que la legalización respetaría los derechos individuales, permitiría el uso terapéutico y podría desbloquear beneficios económicos. Los detractores expresan su preocupación por los riesgos, los efectos negativos, el potencial de abuso y las consecuencias sociales. El debate en torno a la legalización de los hongos mágicos plantea cuestiones importantes sobre la libertad personal, la salud pública y los valores sociales, y pone de relieve la necesidad de seguir investigando y reflexionando sobre esta cuestión.

OBJECIONES MORALES, ÉTICAS Y RELIGIOSAS AL CONSUMO DE HONGOS

Las objeciones morales, éticas y religiosas al consumo de hongos mágicos surgen de diversos puntos de vista y sistemas de creencias. Una objeción proviene de la percepción de que alterar la propia conciencia mediante sustancias, como los hongos mágicos, es una forma de escapismo y niega al individuo la oportunidad de crecimiento personal y autodescubrimiento. Estos críticos sostienen que la verdadera iluminación y el despertar espiritual sólo pueden lograrse mediante una autorreflexión y una disciplina rigurosas, en lugar de confiar en sustancias externas para inducir estados alterados de conciencia. Algunas tradiciones religiosas y marcos morales hacen hincapié en la importancia de mantener una mente clara y un cuerpo puro, y consideran que el consumo de sustancias que alteran la mente constituye una violación de estos principios. Desde esta perspectiva, el consumo de hongos mágicos puede considerarse un acto pecaminoso o moralmente reprobable. Otra objeción ética al consumo de hongos mágicos está relacionada con la preocupación por la autonomía individual y el consentimiento. Algunos sostienen que el consumo de psicodélicos, incluidas los hongos mágicos, puede mermar la capacidad de decisión racional de un individuo, lo que podría conducir a acciones que podrían perjudicarle a él mismo o a otros. Esta objeción es especialmente relevante cuando se consideran los riesgos potenciales asociados al consumo no supervisado o excesivo de psicodélicos, ya que plantea cuestiones sobre la responsabilidad ética de los personas hacia sí mismos y hacia la sociedad. Los críticos sostienen que los riesgos potenciales y los efectos adversos del consumo de hongos mágicos superan cualquier beneficio percibido y, por tanto, debe desaconsejarse el consumo de estas sustancias. Las objeciones religiosas al consumo de hongos mágicos también se derivan de la creencia de que alterar la propia conciencia mediante sustancias interfiere con el orden natural de las cosas dictado por un poder superior o un plan divino. En algunas tradiciones religiosas, el consumo de sustancias que alteran la mente se considera una forma de sacrilegio o blasfemia, ya que se percibe como una interrupción de la conexión entre el individuo y lo divino. Los estados alterados de conciencia inducidos por los hongos mágicos pueden verse como una vía de comunicación con entidades espirituales, que algunas tradiciones religiosas consideran intrínsecamente peligrosas o contrarias a sus creencias. Esta percepción puede surgir del temor a que los personas que consumen hongos mágicos sean susceptibles de ser manipulados o influidos por fuerzas espirituales malévolas. En resumen, las objeciones morales, éticas y religiosas al consumo de hongos mágicos giran en torno a la preocupación por el crecimiento personal, la autonomía individual y la interferencia con las creencias religiosas. Los detractores del consumo de hongos mágicos argumentan que la dependencia de sustancias para obtener estados alterados de conciencia contradice los principios de autodescubrimiento y crecimiento personal. Las objeciones relacionadas con la autonomía individual hacen hincapié en los riesgos potenciales asociados al deterioro de la capacidad para tomar decisiones. Las objeciones religiosas surgen de la creencia de que la alteración de la conciencia interfiere con el orden natural o la conexión divina. Estas objeciones reflejan las complejidades y la diversidad de perspectivas que rodean al consumo de hongos mágicos y proporcionan una base para los debates actuales en el contexto de los marcos éticos y religiosos.

DIFICULTADES PARA REALIZAR INVESTIGACIONES CIENTÍFICAS DEBIDO A RESTRICCIONES LEGALES

Cuando se trata del estudio de los hongos mágicos, las restricciones legales dificultan la investigación científica. Como estos hongos contienen el compuesto psicoactivo psilocibina, que induce efectos alucinógenos, están clasificados como sustancias controladas de la Lista I en muchos países. Esta clasificación impone importantes limitaciones a los científicos que pretenden investigar los posibles beneficios y riesgos médicos de los hongos mágicos. Por ejemplo, la obtención de la psilocibina de grado de investigación necesaria para los estudios es onerosa debido a las estrictas normativas. Los investigadores deben navegar por una compleja red de obstáculos burocráticos y obtener permisos de los organismos reguladores, como la Administración para el Control de Drogas (DEA) en Estados Unidos. Estos procesos no sólo consumen tiempo y recursos valiosos, sino que también disuaden a muchos investigadores de realizar estudios sobre los hongos mágicos. Los investigadores se enfrentan a menudo a dilemas éticos cuando realizan estudios con psilocibina. Debido a las restricciones legales, los estudios que utilizan seres humanos para la administración de psilocibina son difíciles de llevar a cabo. Obtener la aprobación de los comités de revisión ética es un proceso largo y exigente, ya que deben garantizar la seguridad y el bienestar de los participantes, a pesar de la falta de precedentes con la investigación de la psilocibina. Este obstáculo ralentiza el progreso de la exploración científica, dejando sin explorar mu-

chas aplicaciones terapéuticas potenciales de los hongos mágicos. Las restricciones legales también impiden a los investigadores acceder a fuentes de financiación fiables para apoyar sus estudios sobre los hongos mágicos. Muchos organismos de financiación gubernamentales y privados son reacios a apoyar la investigación sobre sustancias de la Lista I debido a su situación
legal y al estigma que rodea a las drogas psicodélicas. En consecuencia, los investigadores a menudo tienen que recurrir a estrategias alternativas, como los proyectos de crowdfunding, para
financiar sus estudios. Este limitado fondo de financiación restringe la cantidad de investigación que puede llevarse a cabo y
corre el riesgo de impedir el progreso científico en la comprensión
de los beneficios y riesgos potenciales de los hongos mágicos. La
difusión de los resultados de la investigación es otro reto al que
se enfrentan los investigadores debido a las restricciones legales.
Las revistas y las instituciones académicas suelen dudar a la hora
de publicar y promover estudios sobre sustancias ilegales, lo que
puede limitar la visibilidad y el impacto de la investigación sobre
los hongos mágicos. Esta limitación dificulta la traducción de los
conocimientos científicos en ideas valiosas para los responsables
políticos y el público en general. La escasez de publicaciones re-
visadas por expertos y de reconocimiento académico perpetúa
aún más el estigma negativo asociado a los hongos mágicos y a
la investigación psicodélica. Las restricciones legales plantean
importantes retos a la hora de realizar investigaciones científicas
sobre los hongos mágicos. La clasificación de estos hongos como
sustancias de la Lista I restringe la capacidad de los investigadores para obtener psilocibina de calidad apta para la investigación, realizar ensayos en humanos, conseguir financiación y di-

fundir los resultados. Estas limitaciones no sólo impiden el progreso científico, sino que también dificultan la exploración de los posibles beneficios y riesgos médicos de los hongos mágicos. Para abordar estos retos es necesario reevaluar el estatus legal de los hongos mágicos y aplicar reformas normativas que faciliten la investigación al tiempo que garantizan la seguridad y el tratamiento ético de los participantes. Los hongos mágicos, también conocidas como hongos psilocibios, tienen una larga historia de cultivo, consumo y uso espiritual. Estos hongos contienen un compuesto psicoactivo llamado psilocibina, responsable de sus efectos alucinógenos. El cultivo de hongos mágicos implica un cuidadoso proceso de inoculación de esporas de hongos en un sustrato, como grano o virutas de madera, y el posterior crecimiento del micelio, la parte vegetativa del hongo. Una vez que el micelio ha colonizado el sustrato, se puede inducir a los hongos a fructificar manipulando las condiciones ambientales. Las técnicas de cultivo de los hongos mágicos han evolucionado con el tiempo, empleándose tanto métodos tradicionales como modernos. Los métodos tradicionales suelen basarse en herramientas sencillas como el agar, una sustancia gelatinosa utilizada para hacer crecer cultivos de microorganismos, mientras que los métodos modernos utilizan condiciones de laboratorio estériles y equipos avanzados. En cualquier caso, el cultivo de hongos mágicos requiere conocimientos y habilidad para garantizar un crecimiento adecuado y un alto rendimiento de hongos potentes. El consumo de hongos mágicos se remonta a culturas antiguas, que utilizaban estos hongos como medio para acceder a estados alterados de conciencia con fines espirituales o religiosos. Los pueblos indígenas de regiones como América Central y del Sur, donde los hongos mágicos crecen de forma natural, tienen una larga tradición en el uso de estos hongos en sus prácticas chamánicas. Los efectos del consumo de hongos mágicos son variados y pueden incluir alucinaciones visuales y auditivas, cambios en la percepción, alteración del pensamiento y cambios emocionales. Estas experiencias se describen a menudo como de naturaleza mística o espiritual, y los consumidores informan de una sensación de conexión con algo superior a ellos mismos. Además de sus usos tradicionales y espirituales, los hongos mágicos han ganado popularidad en los últimos años por sus posibles beneficios terapéuticos. Los estudios han demostrado que la psilocibina, el principal compuesto activo de estos hongos, puede tener efectos prometedores en el tratamiento de trastornos mentales como la depresión, la ansiedad y el trastorno de estrés postraumático. Se ha descubierto que la experiencia psicodélica inducida por los hongos mágicos favorece la introspección y ayuda a las personas a adquirir nuevas perspectivas sobre sus propias vidas y experiencias. Este potencial terapéutico ha suscitado un creciente interés por parte de investigadores y clínicos, que están explorando el uso de la terapia asistida con psilocibina en un entorno clínico. A pesar de sus beneficios potenciales, el consumo de hongos mágicos conlleva riesgos. Los efectos alucinógenos de la psilocibina pueden ser intensos e impredecibles, y los factores personales y ambientales que rodean un viaje con hongos pueden influir enormemente en la experiencia global. Algunos personas pueden tener una reacción negativa a los hongos, lo que provoca un "mal viaje" caracterizado por la ansiedad, el pánico o incluso la psicosis. Los hongos mágicos pueden interactuar con otras sustancias, como ciertos medicamentos o drogas ilícitas, causando potencialmente reacciones adversas. Por tanto, es importante que las personas que se planteen consumir hongos mágicos sean conscientes de estos riesgos y los mitiguen.

Las leyes y normativas relativas a los hongos mágicos varían en todo el mundo. En algunos países, como Brasil y Jamaica, el uso tradicional de los hongos mágicos está protegido por la ley y se considera un sacramento religioso. En muchos otros países, como Estados Unidos y varias naciones europeas, la posesión, venta o cultivo de hongos mágicos es ilegal. A pesar de estas restricciones legales, la popularidad de los hongos mágicos sigue creciendo, con un mercado clandestino que prospera en muchos lugares. El debate actual en torno a la legalidad de los hongos mágicos refleja las actitudes complejas y cambiantes hacia las sustancias psicodélicas y sus beneficios y riesgos potenciales.

Los hongos mágicos tienen una rica historia que abarca su cultivo, consumo, espiritualidad y percepción. Desde su antiguo uso en prácticas chamánicas hasta sus posibles beneficios terapéuticos, estos hongos han cautivado la imaginación de culturas de todo el mundo. Es importante considerar detenidamente los riesgos y las implicaciones legales del consumo de hongos mágicos, para garantizar un uso responsable y una toma de decisiones informada. A medida que la investigación en torno a estos hongos siga evolucionando, es probable que también aumente nuestra comprensión de sus efectos y aplicaciones potenciales.

XIII. POTENCIAL DE ADICCIÓN Y ABUSO

El potencial de adicción y abuso es un tema muy preocupante cuando se habla del uso y cultivo de hongos mágicos. Aunque los estudios han demostrado que el potencial de dependencia de la psilocibina es relativamente bajo en comparación con otras drogas, no es inexistente. Debido a sus efectos alucinógenos, la psilocibina puede crear una dependencia psicológica en algunos personas que disfrutan de los estados alterados de conciencia que produce. Esta dependencia psicológica puede provocar un mayor deseo de consumir la sustancia de forma regular, lo que a su vez puede dificultar que los personas funcionen sin ella. Se ha sugerido que puede existir un potencial de dependencia física de la psilocibina, aunque la investigación en este campo sigue en curso. El potencial de abuso de los hongos mágicos también suscita preocupación por los riesgos asociados a su consumo. En dosis elevadas, la psilocibina puede inducir alucinaciones intensas y distorsiones de la percepción, que pueden conducir a un comportamiento imprudente y a situaciones potencialmente peligrosas. Los consumidores pueden sentirse desorientados o confusos, lo que les dificulta desenvolverse con seguridad en su entorno. Esto puede aumentar el riesgo de accidentes, lesiones o incluso la muerte. Las personas bajo la influencia de los hongos mágicos pueden correr un mayor riesgo de tomar decisiones equivocadas o adoptar conductas de riesgo, como conducir bajo los efectos de la droga o mantener relaciones sexuales sin protección.

Es importante reconocer que los efectos de los hongos mágicos pueden variar mucho de una persona a otra. Factores como la dosis, la susceptibilidad individual, el ambiente y el entorno pueden influir en la experiencia y determinar si se convierte o no en problemática. Mientras que algunos personas pueden consumir hongos mágicos ocasionalmente sin experimentar ninguna consecuencia negativa, otros pueden ser más susceptibles de desarrollar una relación problemática con la sustancia. Es crucial abordar el consumo de hongos mágicos con precaución y ser consciente de los riesgos y consecuencias potenciales. Los esfuerzos para prevenir la adicción y el abuso de hongos mágicos deben centrarse en la educación, las estrategias de reducción de daños y el uso responsable. Proporcionar a las personas información precisa y objetiva sobre los efectos, los riesgos y el potencial de adicción de los hongos mágicos puede ayudarles a tomar decisiones informadas y disminuir la probabilidad de uso indebido. Las estrategias de reducción de daños, como proporcionar entornos seguros para que las personas consuman hongos mágicos y ofrecer servicios de apoyo y asesoramiento, también pueden desempeñar un papel crucial para minimizar los daños asociados a la sustancia. El potencial de adicción y abuso es una preocupación importante cuando se habla del uso y cultivo de hongos mágicos. Aunque el potencial de dependencia de la psilocibina es relativamente bajo en comparación con otras drogas, no es inexistente. Existe la posibilidad de que se produzca una dependencia tanto psicológica como física, lo que suscita preocupación por los riesgos asociados a su consumo. Es crucial abordar el consumo de hongos mágicos con precaución, ser consciente de los riesgos y consecuencias potenciales y adoptar estrategias de reducción de daños para minimizar los daños asociados a su consumo. Promoviendo la educación, el uso responsable y proporcionando servicios de apoyo, es posible mitigar el potencial de adicción y abuso y garantizar el consumo seguro de hongos mágicos.

EL POTENCIAL ADICTIVO DE LOS HONGOS

Los hongos mágicos, también conocidas como hongos psilocibios, son muy conocidas por sus propiedades alucinógenas. Otro aspecto que ha suscitado gran atención es su potencial adictivo. El examen de este potencial ofrece valiosas perspectivas sobre los riesgos asociados al consumo de hongos mágicos. Es importante señalar que la adicción no viene determinada únicamente por la sustancia en sí, sino también por factores de vulnerabilidad individual y pautas de consumo. Los estudios han demostrado que los hongos mágicos tienen un potencial adictivo menor en comparación con otras sustancias como los opiáceos o los estimulantes. Esto se debe principalmente a que la psilocibina, el principal compuesto psicoactivo de los hongos mágicos, no activa la vía de recompensa del cerebro del mismo modo que las drogas altamente adictivas. Los hongos mágicos no inducen dependencia física ni síntomas de abstinencia al dejar de consumirlas. Cabe señalar que, aun así, puede desarrollarse una dependencia psicológica, sobre todo entre las personas que abusan de los hongos mágicos en cantidades excesivas o con gran frecuencia. Esto puede deberse a las experiencias subjetivas únicas inducidas por la psilocibina, como los sentimientos de euforia, introspección y trascendencia, que pueden provocar un deseo de consumo repetido. El contexto y el entorno en el que se consumen los hongos mágicos pueden desempeñar un papel importante en el potencial de adicción. La investigación ha demostrado que los personas que consumen hongos mágicos en entornos recreativos o con fines de evasión tienen más probabilidades de desarrollar patrones de consumo problemáticos, en comparación con los que se acercan a ellos con una mentalidad espiritual o terapéutica. El potencial adictivo de los hongos mágicos también se ve influido por factores de susceptibilidad individual, como la genética, las enfermedades mentales y los rasgos de personalidad. Algunas investigaciones sugieren que los personas con antecedentes de abuso de sustancias o trastornos mentales pueden ser más propensos a desarrollar un consumo problemático de hongos mágicos. Los personas con una personalidad adictiva, caracterizada por rasgos como la impulsividad y la búsqueda de sensaciones, también pueden tener más riesgo. Es importante reconocer que, aunque el potencial adictivo de los hongos mágicos puede ser menor que el de otras sustancias, su consumo puede seguir teniendo efectos psicológicos significativos. Estos efectos pueden manifestarse como reacciones adversas agudas, como ataques de pánico, psicosis o trastorno persistente de la percepción de alucinógenos (HPPD) en personas vulnerables. El consumo prolongado y excesivo de hongos mágicos puede provocar alteraciones en la cognición, el estado de ánimo y la percepción, que pueden persistir incluso tras el cese del consumo. El potencial de adicción no debe pasarse por alto al hablar de los riesgos asociados al consumo de hongos mágicos. Aunque el potencial adictivo de los hongos mágicos es comparativamente bajo, es esencial tener en cuenta los factores individuales de susceptibilidad, los patrones de consumo y el potencial de dependencia psicológica. Este examen sirve para recordar que unas prácticas de consumo responsables e informadas son cruciales para minimizar los daños potenciales asociados al consumo de hongos mágicos. Se necesita más investigación para comprender mejor los efectos a largo plazo y el potencial adictivo de los hongos mágicos, sobre todo en el contexto de las aplicaciones terapéuticas. Al adquirir un conocimiento exhaustivo del potencial adictivo de los hongos mágicos, podemos fomentar debates informados y desarrollar estrategias de reducción de daños para garantizar el uso seguro y responsable de esta fascinante sustancia psicodélica.

DIFERENCIAR LA ADICCIÓN DEL CONSUMO OCASIONAL O DE LA APLICACIÓN TERAPÉUTICA

Diferenciar la adicción del consumo ocasional o la aplicación terapéutica es crucial cuando se habla del cultivo, el consumo y los beneficios potenciales de los hongos mágicos. Aunque el uso recreativo de los psicodélicos ha estado estigmatizado durante décadas, investigaciones recientes han puesto de relieve su potencial terapéutico en el tratamiento de diversas afecciones mentales. Es importante distinguir entre adicción y uso responsable y terapéutico para maximizar los beneficios y minimizar los riesgos potenciales asociados a estas sustancias. La adicción, definida como una dependencia compulsiva e incontrolable de una sustancia o comportamiento, se produce cuando un individuo se vuelve fisiológica y psicológicamente dependiente de una sustancia como los hongos mágicos. A diferencia del consumo ocasional o la aplicación terapéutica, la adicción se caracteriza por la incapacidad de controlar o cesar la ingesta de drogas, a pesar de las consecuencias negativas. Los personas que sufren adicción suelen mostrar tolerancia, síntomas de abstinencia y un deseo abrumador de obtener y consumir la sustancia para funcionar con normalidad. En el caso de los hongos mágicos, la adicción es poco frecuente debido a la falta de propiedades físicamente adictivas. Aún así, puede producirse dependencia psicológica, especialmente entre personas con predisposición al abuso de sustancias o trastornos mentales. En cambio, el consumo ocasional se refiere al consumo limitado y controlado de hongos mágicos con fines recreativos o introspectivos. El consumo ocasional permite a los personas explorar estados alterados de conciencia y obtener nuevas perspectivas sobre sus vidas. Quienes se dedican al consumo ocasional lo hacen de forma responsable, tomando precauciones como planificar sus viajes en un entorno seguro y cómodo, utilizar una fuente de confianza para obtener hongos y consumir dosis adecuadas. Los consumidores ocasionales suelen moderar su consumo, utilizando los hongos mágicos como herramienta de crecimiento personal, autorreflexión e inspiración creativa. Es en las aplicaciones terapéuticas donde los hongos mágicos se han mostrado más prometedores. Los estudios han demostrado el potencial de la psilocibina, el compuesto activo de los hongos mágicos, en el tratamiento de enfermedades mentales como la depresión, la ansiedad y la propia adicción. A diferencia del uso recreativo, las aplicaciones terapéuticas implican una administración cuidadosamente supervisada y guiada de psilocibina en un entorno controlado, normalmente con la presencia de terapeutas profesionales. Se cree que los beneficios terapéuticos de la psilocibina se derivan de su capacidad para inducir experiencias profundas y místicas, fomentando una sensación de interconexión, liberación emocional y conexión espiritual que puede catalizar cambios positivos duraderos. Es fundamental diferenciar la adicción del consumo ocasional o la aplicación terapéutica al hablar de los hongos mágicos, para evitar ideas erróneas y prejuicios que pueden obstaculizar la investigación y entorpecer los beneficios potenciales de estas sustancias. A pesar de sus posibles aplicaciones terapéuticas, es vital reconocer que los hongos mágicos no son una panacea, y que sus efectos pueden variar mucho según el individuo, la dosis, el entorno y el escenario. Distinguir entre adicción, uso ocasional y aplicación terapéutica de los hongos mágicos es de vital importancia. La adicción, una dependencia compulsiva e incontrolable, contrasta con el uso ocasional responsable e intencionado o las aplicaciones terapéuticas guiadas. Aprovechar el potencial terapéutico de los hongos mágicos y, al mismo tiempo, prevenir y abordar cualquier riesgo potencial requiere un marco que comprenda y priorice estas distinciones. Adoptando las precauciones adecuadas, un comportamiento responsable y una investigación rigurosa, podemos garantizar que los hongos mágicos se utilicen de forma segura y eficaz en beneficio de las personas que buscan el crecimiento personal y la curación.

FACTORES QUE CONTRIBUYEN A LA ADICCIÓN O AL ABUSO

Los factores que contribuyen a la adicción o al abuso pueden ser complejos y polifacéticos, e implicar una combinación de factores biológicos, psicológicos, sociales y ambientales. En primer lugar, es importante considerar el aspecto biológico de la adicción. La investigación ha demostrado que las personas con antecedentes familiares de adicción pueden estar genéticamente predispuestas a desarrollar conductas adictivas. Esto sugiere que puede haber ciertos genes que hagan a los personas más vulnerables a la adicción, aunque los genes específicos implicados aún no se conocen del todo. El sistema de recompensa del cerebro desempeña un papel importante en la adicción. Las drogas, incluidas los hongos mágicos, pueden activar el circuito de recompensa del cerebro, provocando la liberación de dopamina, un neurotransmisor asociado con el placer y el refuerzo. Con el tiempo, el consumo continuado de drogas puede provocar cambios en el sistema de recompensa del cerebro, haciendo cada vez más difícil que los personas experimenten placer sin el uso de drogas. Los factores psicológicos también contribuyen a la adicción o al abuso. Algunas personas pueden recurrir a las drogas como medio de automedicación para enfermedades mentales subyacentes, como la depresión, la ansiedad o los traumas. El abuso de sustancias puede aliviar temporalmente los síntomas de estos trastornos, lo que hace que a las personas les resulte tentador seguir consumiendo drogas. Se ha descubierto que ciertos rasgos de la personalidad, como la impulsividad y la búsqueda de sensaciones, están asociados a un mayor riesgo de desarrollar conductas adictivas. Estos rasgos de personalidad pueden hacer que los personas sean más propensos a adoptar conductas de riesgo, incluido el consumo de drogas. Los factores sociales y ambientales también desempeñan un papel crucial en la adicción o el abuso. La presión de grupo es una poderosa influencia, especialmente durante la adolescencia, cuando los personas son especialmente susceptibles a las opiniones y comportamientos de sus compañeros. Estar rodeado de amigos o familiares que consumen drogas puede aumentar la probabilidad de que un individuo experimente con drogas y desarrolle conductas adictivas. Los factores estresantes sociales y ambientales, como la pobreza, la falta de apoyo social o la exposición a la violencia, también pueden contribuir al desarrollo de la adicción. Estos factores estresantes pueden llevar a los personas a buscar un escape de sus circunstancias mediante el consumo de drogas. La disponibilidad y accesibilidad de las drogas puede influir enormemente en la probabilidad de adicción o abuso. Si las drogas están fácilmente disponibles en el entorno de un individuo, la tentación de consumirlas se hace más fuerte. Factores como el coste, la facilidad de acceso y las normas sociales relativas al consumo de drogas pueden influir en la probabilidad de que un individuo consuma drogas. Es esencial reconocer que la adicción no es simplemente el resultado de una falta de fuerza de voluntad o de un fallo moral. Aunque las elecciones y comportamientos personales son indudablemente importantes para influir en la adicción, es crucial tener en cuenta los diversos factores complejos que contribuyen a su desarrollo. Comprender estos factores puede ayudar a informar las estrategias de prevención e intervención, así como a reducir el estigma que rodea a la adicción. Al abordar los factores biológicos, psicológicos, sociales y ambientales que contribuyen a la adicción o al abuso, las personas pueden estar mejor equipadas para superar la adicción y llevar vidas más sanas.

OPCIONES DE TRATAMIENTO Y APOYO A LAS PERSONAS QUE BUSCAN AYUDA

Las opciones de tratamiento y apoyo para las personas que buscan ayuda pueden variar en función de diversos factores, como la gravedad del problema, las preferencias personales de la persona y la disponibilidad de recursos. Una de las principales opciones de tratamiento para las personas que buscan ayuda con problemas relacionados con el consumo de hongos mágicos es la psicoterapia, en particular la terapia cognitivo-conductual (TCC). La TCC se centra en identificar y cuestionar los patrones de pensamiento y los comportamientos negativos, y sustituirlos por otros más positivos y adaptativos. Este enfoque suele ser eficaz para ayudar a las personas a desarrollar mecanismos de afrontamiento más sanos y reducir su dependencia de los hongos mágicos. Otra opción de tratamiento es la terapia de grupo, que proporciona un entorno de apoyo y sin prejuicios para que las personas compartan sus experiencias, obtengan información de los demás y reciban orientación de profesionales cualificados. La terapia de grupo puede ser especialmente útil para ayudar a las personas a desarrollar un sentimiento de comunidad y conexión, y para proporcionarles una red de apoyo que puede ser decisiva en su recuperación. Además de la terapia, el tratamiento asistido con medicación (MAT) también puede ser beneficioso para ciertas personas que buscan ayuda con problemas de consumo de hongos mágicos. El MAT suele implicar el uso de medicamentos, como antidepresivos o ansiolíticos, para controlar los trastornos mentales concurrentes y aliviar los síntomas de abstinencia o los antojos. Es importante señalar que la medicación debe utilizarse como parte de un plan de tratamiento integral que incluya también terapia y otras formas de apoyo. Junto a estas opciones de tratamiento, hay varias formas de apoyo disponibles para las personas que buscan ayuda con problemas de consumo de hongos mágicos. Los grupos de apoyo, como Narcóticos Anónimos o Recuperación SMART, pueden proporcionar a las personas un espacio seguro y confidencial para compartir sus experiencias, buscar consejo de otras personas que han pasado por luchas similares y recibir apoyo y ánimo continuos. Estos grupos de apoyo suelen estar dirigidos por facilitadores formados que pueden proporcionar orientación y recursos a quienes los necesiten. Las comunidades y foros en línea también pueden ser una valiosa fuente de apoyo, ya que permiten a las personas ponerse en contacto con otras que pueden estar afrontando retos similares y acceder a información y recursos relacionados con el consumo de hongos mágicos y la recuperación. Los servicios de chat anónimos y las líneas de ayuda atendidas por profesionales formados son otra opción para las personas que buscan ayuda. Estos servicios proporcionan un espacio confidencial y sin prejuicios para que las personas hablen de sus luchas, reciban orientación y apoyo, y se informen sobre opciones de tratamiento o recursos locales. Las opciones de tratamiento y apoyo disponibles para las personas que buscan ayuda con problemas de consumo de hongos mágicos pueden ser variadas y diversas. Es esencial que las personas exploren y accedan a las opciones que mejor se adapten a sus necesidades y preferencias. Un enfoque individualizado del tratamiento es clave, ya que lo que funciona para una persona puede no funcionar para otra. Con el tratamiento y el apoyo adecuados, las personas que buscan ayuda pueden encontrar la fuerza y los recursos para superar sus luchas e iniciar el camino hacia la recuperación. El cultivo, el consumo y la espiritualidad en torno a los hongos mágicos tienen una historia larga y compleja. Desde los antiguos rituales religiosos hasta los movimientos psicodélicos contemporáneos, estos hongos alucinógenos han desempeñado un papel importante en la cultura humana. El cultivo de hongos mágicos requiere condiciones y técnicas específicas para cultivar con éxito estos organismos únicos. El consumo de hongos mágicos puede provocar profundas alteraciones de la percepción y la conciencia, que a menudo dan lugar a una experiencia altamente espiritual. Los efectos de estos hongos pueden ser tanto positivos como negativos, y los consumidores informan de sentimientos de iluminación, conexión con la naturaleza y crecimiento personal, así como de riesgos potenciales como ansiedad, paranoia y pérdida de la realidad. La legalidad que rodea a los hongos mágicos varía significativamente de un país a otro y de una jurisdicción a otra: en algunos lugares se acepta su potencial para uso terapéutico y en otros se prohíbe estrictamente su producción y uso recreativo. A pesar de estas restricciones legales, la disponibilidad de información y la accesibilidad para cultivar y consumir hongos mágicos sigue ampliándose, lo que permite a las personas explorar el potencial espiritual y terapéutico de estos hongos. Los hongos mágicos son organismos fascinantes que han captado la atención de los humanos a lo largo de la historia y siguen siendo objeto de intriga y debate en diversos campos, como la ciencia, la religión, la medicina y el derecho.

XIV. PSICOFARMACOLOGÍA Y MECANISMO DE ACCIÓN

La psicofarmacología es el estudio de cómo las drogas afectan a los procesos psicológicos. Los hongos mágicos, también conocidas como hongos psilocibios, se han utilizado durante siglos por sus propiedades alucinógenas. El principal compuesto activo de los hongos mágicos es la psilocibina, que se metaboliza en psilocina en el organismo. Cuando se ingiere, la psilocina interactúa con los receptores de serotonina del cerebro, concretamente con los receptores 5-HT2A. La activación de estos receptores provoca cambios en la percepción, el estado de ánimo y la cognición. El mecanismo exacto de acción no se conoce del todo, pero se cree que la psilocibina aumenta la liberación de glutamato en determinadas zonas del cerebro, como el córtex prefrontal, que interviene en la toma de decisiones y la autoconciencia. La psilocibina también induce la neuroplasticidad, la capacidad del cerebro para reorganizar sus conexiones neuronales, lo que puede explicar los cambios duraderos en el comportamiento y los patrones de pensamiento de los que informan los consumidores. Se ha demostrado que la psilocibina aumenta la conectividad y la comunicación entre las distintas regiones cerebrales, dando lugar a una red cerebral más cohesionada e integrada. Se cree que estos cambios en la actividad cerebral subyacen a las experiencias místicas y espirituales que se suelen experimentar tras consumir hongos mágicos. Además de sus efectos sobre la función cerebral, se ha descubierto que los hongos mágicos tienen potencial terapéutico. La investigación ha demostrado que la terapia asistida con psilocibina es prometedora para el tratamiento de diversas enfermedades mentales, como la depresión, la ansiedad y los trastornos por consumo de sustancias. Los efectos alucinógenos de la psilocibina pueden ayudar a las personas a comprender mejor sus pensamientos, emociones y comportamientos, permitiéndoles una mayor comprensión y aceptación de sí mismas. Esto puede conducir a una profunda curación psicológica y crecimiento personal. La terapia asistida con psilocibina suele consistir en una sesión guiada con un terapeuta formado en un entorno de apoyo, donde la persona puede explorar sus pensamientos y emociones en un entorno seguro y controlado. Aunque el potencial terapéutico de los hongos mágicos es prometedor, también existen riesgos asociados a su consumo. Los efectos alucinógenos de la psilocibina pueden ser impredecibles y variar mucho de una persona a otra. Algunos personas pueden tener una experiencia positiva y transformadora, mientras que otros pueden experimentar ansiedad, confusión o incluso psicosis. El escenario y el entorno, o la mentalidad y el ambiente físico en el que se toma la droga, pueden influir enormemente en la naturaleza de la experiencia. Es importante que las personas que se planteen consumir hongos mágicos evalúen cuidadosamente su estado mental y emocional y elijan un entorno de apoyo y seguro para su viaje. La psicofarmacología desempeña un papel crucial en la comprensión de los efectos de los hongos mágicos. El mecanismo de acción de la psilocibina implica su interacción con los receptores de serotonina del cerebro, lo que provoca cambios en la percepción, el estado de ánimo y la cognición. La terapia asistida con psilocibina resulta prometedora como tratamiento de diversos trastornos mentales, pero no deben pasarse por alto los riesgos asociados a su uso. Es esencial que las personas aborden el consumo de hongos mágicos con precaución y busquen orientación de profesionales capacitados cuando exploren su potencial terapéutico. Es necesario seguir investigando en este campo para dilucidar los beneficios y riesgos terapéuticos de los hongos mágicos y orientar un uso seguro y eficaz. Explicación del modo en que la psilocibina, el principal compuesto psicoactivo de los hongos mágicos, interactúa con el cerebro La psilocibina, el principal compuesto psicoactivo de los hongos mágicos, interactúa con el cerebro a través de una compleja serie de mecanismos que, en última instancia, producen una alteración de la percepción y la consciencia. Tras su ingestión, la psilocibina se metaboliza en psilocina, que se cree que es la responsable de los profundos cambios en el estado mental que experimentan los consumidores. La psilocina imita la estructura de la serotonina, un neurotransmisor que desempeña un papel crucial en la regulación del estado de ánimo, la cognición y la percepción. Al unirse a los receptores de serotonina del cerebro, la psilocina altera el funcionamiento normal de estos neurotransmisores, provocando la liberación de una serie de compuestos químicos que pueden influir en diversos aspectos de la cognición y la percepción. Un mecanismo clave a través del cual la psilocibina afecta al cerebro es la modulación de la red de modo por defecto (DMN), un conjunto de regiones cerebrales que se activan cuando un individuo se encuentra en estado de reposo o de vagabundeo mental. La DMN interviene en la autorreflexión, la introspección y el procesamiento de los propios pensamientos y emociones. Se ha demostrado que la psilocibina disminuye la actividad y la conectividad dentro de la DMN, lo que provoca una disolución del yo y una difuminación de los límites entre el yo y el mundo exterior. Esto puede conducir a una sensación de disolución del ego y a un sentimiento de interconexión con el universo, a menudo descrito como experiencias místicas o espirituales.

Se ha descubierto que la psilocibina aumenta la comunicación y la conectividad entre distintas regiones del cerebro que no suelen estar conectadas. Este fenómeno, conocido como integración global aumentada, puede ser la base de la percepción sensorial aumentada, la creatividad mejorada y las profundas percepciones de las que hablan a menudo los consumidores. Al romper las barreras entre las distintas regiones cerebrales, la psilocibina permite la integración de la información de varias partes del cerebro que normalmente están segregadas. Esto puede dar lugar a la aparición de conexiones y asociaciones novedosas, que conducen a patrones de pensamiento únicos y a una mayor capacidad para la creatividad y la resolución de problemas. Además de sus efectos sobre la conectividad cerebral, la psilocibina también actúa sobre receptores específicos del cerebro, como los receptores 5-HT2A, que se sabe que intervienen en la regulación de los niveles de serotonina. Al unirse a estos receptores, la psilocibina altera la liberación de serotonina y otros neurotransmisores, provocando cambios en el estado de ánimo, la percepción y la cognición. Se cree que la activación de los receptores 5-HT2A por la psilocibina desencadena una cascada de acontecimientos que, en última instancia, provocan las profundas alteraciones de la conciencia y la percepción que experimentan los consumidores. A pesar de los beneficios potenciales de la psilocibina, es importante reconocer que su consumo conlleva ciertos riesgos. La alteración de la percepción y la cognición inducida por la psilocibina puede afectar a la capacidad de juicio y de toma de decisiones, lo que puede provocar accidentes o comportamientos arriesgados. Las personas con antecedentes de trastornos psiquiátricos, como psicosis o esquizofrenia, pueden ser especialmente vulnerables a los efectos adversos de la psilocibina. Es imperativo que cualquier consumo de psilocibina se aborde con precaución y bajo supervisión médica adecuada. La psilocibina, el principal compuesto psicoactivo de los hongos mágicos, interactúa con el cerebro a través de diversos mecanismos que producen alteraciones de la percepción y la conciencia. Al modular la red de modos por defecto, aumentar la conectividad cerebral y actuar sobre sitios receptores específicos, la psilocibina induce una serie de efectos que pueden ser tanto esclarecedores como potencialmente arriesgados. Es necesario seguir investigando para comprender plenamente los mecanismos por los que la psilocibina actúa en el cerebro y explorar su potencial terapéutico en el tratamiento de diversos trastornos mentales.

ACTIVACIÓN DE LOS RECEPTORES DE SEROTONINA Y DE LA RED DE MODOS POR DEFECTO

La activación de los receptores de serotonina y de la red de modos por defecto desempeña un papel fundamental en los efectos provocados por los hongos mágicos. La psilocibina, el compuesto psicoactivo presente en los hongos mágicos, se metaboliza en psilocina en el organismo. La psilocina se une principalmente a los receptores de serotonina, en particular al subtipo de receptor 5-HT2A. La activación de estos receptores conduce a una cascada de acontecimientos que, en última instancia, modulan la red de modos por defecto (DMN). La DMN es un conjunto de regiones cerebrales interconectadas que están activas cuando un individuo está en reposo y no se dedica a ninguna tarea concreta. El eje principal de la DMN es el córtex cingulado posterior (CPC), que se comunica con otras regiones como el córtex prefrontal medial (CPFm) y el hipocampo. La activación de la DMN se asocia normalmente con el pensamiento autorreferencial, el vagabundeo mental y la introspección. Bajo la influencia de la psilocibina, se altera el funcionamiento normal de la DMN, lo que provoca una disminución de su actividad. Se cree que esta reducción de la actividad subyace a la disolución del ego y a la experiencia de unidad e interconexión de la que se suele informar durante una experiencia psicodélica. Este efecto amortiguador sobre la DMN provoca una desconexión entre varias regiones cerebrales y una ruptura de los patrones normales de comunicación neuronal. Como resultado, se forman nuevas conexiones y pueden surgir patrones inusuales de pensamiento y percepción. Estas alteraciones de la conectividad cerebral contribuyen a la experiencia psicodélica única, caracterizada por un aumento de las emociones, trastornos cognitivos y alteraciones de la percepción, como la sinestesia. La activación de los receptores de serotonina y la modulación de la DMN por la psilocibina también pueden tener implicaciones terapéuticas. Se ha sugerido que la disminución transitoria de la actividad de la DMN inducida por la psilocibina puede desempeñar un papel crucial en el alivio de los síntomas asociados a trastornos psiquiátricos como la depresión y la ansiedad. Se cree que la hiperconectividad observada en estos trastornos es el resultado de una DMN hiperactiva. Al reducir la actividad de la DMN, la psilocibina puede promover una disminución de la rumiación egocéntrica y de los patrones de pensamiento negativos, lo que mejora el estado de ánimo y el bienestar. Los singulares estados alterados de conciencia inducidos por la psilocibina también pueden facilitar los avances terapéuticos y las percepciones, ya que las personas pueden adquirir una nueva perspectiva de sus problemas y llegar a nuevas comprensiones sobre sí mismas y sus vidas. Aunque los efectos de la psilocibina sobre los receptores de serotonina y la DMN son los principales impulsores de sus propiedades psicoactivas, es esencial señalar que este compuesto también influye en otros circuitos neuronales y sistemas de neurotransmisores. Por ejemplo, se ha demostrado que la psilocibina altera la actividad en zonas implicadas en el procesamiento de las emociones, como la amígdala y la ínsula. Estos cambios pueden contribuir a la intensidad emocional y a las profundas experiencias emocionales de las que se informa con frecuencia durante un viaje psicodélico. La activación de los receptores de serotonina y la posterior modulación de la DMN por la psilocibina son mecanismos vitales que dan forma a la experiencia psicodélica única y contribuyen a su potencial terapéutico. La investigación ulterior de los mecanismos neurales subyacentes a los efectos de la psilocibina arrojará sin duda luz sobre la intrincada interacción entre el cerebro y la conciencia, allanando el camino para una comprensión más profunda de las experiencias psicodélicas y novedosas intervenciones terapéuticas.

CORRELATOS NEURALES DE LAS EXPERIENCIAS MÍSTICAS Y DE DISOLUCIÓN DEL EGO

Los correlatos neuronales de las experiencias místicas y de disolución del ego han sido un tema de gran interés en el campo de la neurociencia, ya que proporcionan información sobre los mecanismos subyacentes a los estados alterados profundos de conciencia. El consumo de sustancias psicoactivas como los hongos mágicos se ha asociado a la inducción de experiencias místicas, caracterizadas por una sensación de unidad e interconexión con el universo, así como de experiencias de disolución del ego, caracterizadas por una disolución temporal o pérdida del sentido del yo. Los estudios que utilizan técnicas de neuroimagen han arrojado luz sobre los fundamentos neuronales de estas experiencias. Por ejemplo, la investigación ha demostrado que la red de modos por defecto (DMN), un conjunto de regiones cerebrales responsables principalmente de la actividad mental autorreferencial e introspectiva, se altera durante las experiencias psicodélicas. Concretamente, se ha observado una disminución de la actividad y la conectividad dentro de la DMN, lo que conduce a una disminución del procesamiento autorreferencial y a un aumento de la experiencia de disolución del ego. Este hallazgo sugiere que los hongos mágicos pueden alterar el funcionamiento típico de la DMN, provocando una disolución temporal del sentido del yo. Otras regiones cerebrales implicadas en el procesamiento autorreferencial, como el córtex prefrontal medial (CPFm), se han relacionado con la experiencia de disolución del yo. Los estudios han demostrado una disminución de la actividad de la CPFm durante las experiencias psicodélicas, lo que sugiere que esta región desempeña un papel crucial en el mantenimiento del sentido del yo. También se han implicado alteraciones de la señalización de la serotonina en las experiencias místicas y de disolución del yo inducidas por hongos mágicos. La serotonina es un neurotransmisor que regula el estado de ánimo, las emociones y la cognición, y los estudios han demostrado que sustancias psicodélicas como la psilocibina se unen a los receptores de serotonina del cerebro, provocando alteraciones en los patrones de liberación de serotonina. Se ha planteado la hipótesis de que esta desregulación de la serotonina subyace a las experiencias profundas y místicas inducidas por los hongos mágicos. Estudios recientes han puesto de relieve el papel del tálamo, una región cerebral implicada en la transmisión de información sensorial al córtex, en la inducción de las experiencias de disolución del ego. El tálamo actúa como guardián de la conciencia, filtrando la información sensorial y regulando el flujo de información al córtex. La investigación ha demostrado que el tálamo desempeña un papel crucial en la modulación de la conciencia, y se han observado alteraciones en su actividad durante las experiencias místicas y de disolución del yo. Por ejemplo, se ha observado una disminución de la actividad talámica y una alteración de la conectividad funcional talamocortical durante las experiencias psicodélicas inducidas por hongos mágicos, lo que sugiere que el tálamo puede desempeñar un papel central en la alteración de los modos normales de conciencia. Comprender los correlatos neurales de las experiencias místicas y de disolución del ego inducidas por los hongos mágicos es crucial no sólo para conocer los mecanismos subyacentes a los estados alterados de conciencia, sino también para posibles aplicaciones terapéuticas. Los estudios han demostrado que estas experiencias pueden tener efectos positivos profundos y duraderos en la salud mental, como la reducción de los síntomas de ansiedad y depresión, la mejora del bienestar y el aumento de la satisfacción vital. Al dilucidar los mecanismos neuronales implicados en estas experiencias, las investigaciones futuras podrán desarrollar intervenciones terapéuticas específicas que aprovechen los efectos positivos de los hongos mágicos minimizando los riesgos potenciales.

CONOCIMIENTOS CIENTÍFICOS ACTUALES E INVESTIGACIÓN EN CURSO SOBRE LA FARMACOLOGÍA DE LOS HONGOS

Los conocimientos científicos actuales y las investigaciones en curso sobre la farmacología de los hongos mágicos han arrojado luz sobre los mecanismos que subyacen a los efectos psicoactivos de estos hongos. Los hongos mágicos contienen un compuesto llamado psilocibina, que se convierte rápidamente en psilocina en el organismo, el principal compuesto activo responsable de sus propiedades psicodélicas. La psilocina actúa principalmente sobre los receptores de serotonina del cerebro, en particular el receptor 5-HT2A, provocando alteraciones de la percepción, el estado de ánimo y la cognición. Las investigaciones en curso pretenden dilucidar los mecanismos precisos por los que la psilocibina y la psilocina interactúan con estos receptores y otras vías neuronales para inducir sus efectos únicos. Estudios recientes han demostrado que la psilocibina puede inducir cambios duraderos en la función y la conectividad cerebrales, lo que podría explicar su potencial terapéutico en el tratamiento de enfermedades mentales como la depresión, la ansiedad y la adicción. Además de sus efectos sobre el sistema de la serotonina, la psilocibina también activa regiones del cerebro asociadas a la introspección y la autorreflexión, lo que conduce a profundas experiencias de interconexión y espiritualidad. Esto ha impulsado investigaciones sobre el uso de la psilocibina como herramienta para mejorar el bienestar psicológico, promover el crecimiento personal y facilitar la exploración de la naturaleza de la conciencia. Los recientes avances en las técnicas de neuroimagen, como la resonancia magnética funcional (RMf) y la tomografía por emisión de positrones (TEP), han permitido a los investigadores observar directamente los cambios en la actividad y conectividad cerebrales en respuesta a la administración de psilocibina. Estos estudios han revelado que la psilocibina reduce la actividad y la conectividad de la red de modos por defecto (DMN), una red de regiones cerebrales implicadas en el pensamiento autorreferencial y el vagabundeo mental. Al amortiguar temporalmente esta red, la psilocibina puede permitir a los personas liberarse de los patrones de pensamiento habituales, fomentando una mentalidad más abierta y flexible. El potencial terapéutico de la psilocibina también se está explorando en el contexto de los cuidados al final de la vida, con resultados prometedores que indican su capacidad para aliviar la ansiedad y la depresión en personas con enfermedades terminales. Las investigaciones en curso pretenden optimizar el potencial terapéutico de la psilocibina investigando el papel del escenario y el entorno, así como los efectos de distintas dosis y protocolos de administración. Es importante señalar que, a pesar del creciente conjunto de pruebas que respaldan el potencial terapéutico de la psilocibina, el consumo de hongos mágicos sigue siendo ilegal en la mayoría de los países, y se necesita más investigación para comprender plenamente sus efectos a largo plazo y sus riesgos potenciales. No obstante, el conocimiento científico actual de la farmacología de los hongos mágicos ha proporcionado valiosos conocimientos sobre los mecanismos subyacentes a sus efectos psicoactivos, allanando el camino para futuras investigaciones y abriendo potencialmente nuevas vías de intervención terapéutica. A pesar de su antigua asociación con los movimientos contraculturales y el uso recreativo, los hongos mágicos se han utilizado durante siglos con fines espirituales y religiosos. Se cree que el consumo de estos hongos induce estados alterados de conciencia, que conducen a profundas experiencias espirituales y a una percepción mejorada. En muchas culturas, los hongos mágicos han sido veneradas como entidades sagradas, un medio para comunicarse con lo divino o alcanzar la trascendencia. El uso de estos hongos en prácticas espirituales se remonta a civilizaciones antiguas, como los aztecas y los mayas. Estas culturas creían que la experiencia psicodélica facilitaba una conexión con el reino espiritual, permitiendo a los personas obtener percepciones, visiones y guía divina.

El cultivo de hongos mágicos ha evolucionado con el tiempo, reflejando los avances en la comprensión científica y la innovación tecnológica. Históricamente, el cultivo de hongos implicaba recolectar y cultivar hongos en la naturaleza, un proceso arriesgado y que requería mucho tiempo. Con la llegada de las técnicas de cultivo modernas, ahora es posible cultivar hongos mágicos en entornos controlados, como laboratorios o granjas especializadas. Esto ha permitido una producción más eficaz y constante de hongos mágicos para diversos fines, incluido el uso religioso y recreativo. El consumo de hongos mágicos provoca un estado alterado de conciencia caracterizado por experiencias sensoriales vívidas y percepción alterada. La psilocibina, el principal compuesto psicoactivo de los hongos mágicos, interactúa con los receptores de serotonina del cerebro, provocando una cascada de efectos neuronales. Estos efectos incluyen alucinaciones visuales, sinestesia y un sentido distorsionado del tiempo y el espacio. Los consumidores suelen manifestar una mayor sensación de conexión con el entorno, así como una disolución de los límites del ego. La experiencia psicodélica inducida por los hongos mágicos es subjetiva y varía de una persona a otra, influida por factores como la dosis, el ambiente y el entorno. Aunque los efectos de los hongos mágicos pueden ser profundos y transformadores, existen riesgos potenciales asociados a su consumo. El estado alterado de conciencia inducido por la psilocibina puede ser desorientador e intenso, y provocar ansiedad o pánico en algunos personas. Ciertas afecciones médicas y trastornos psiquiátricos pueden agravarse por el consumo de hongos mágicos. Es crucial abordar su consumo con precaución y prácticas adecuadas de reducción de daños. El cultivo, la posesión y la distribución de hongos mágicos están regulados por leyes y normativas en muchos países. Estas leyes varían mucho, ya que algunas jurisdicciones adoptan un enfoque más indulgente hacia los hongos mágicos, mientras que otras prohíben totalmente su consumo.

Los hongos mágicos tienen una larga y rica historia, que abarca dimensiones espirituales, culturales y recreativas. Su cultivo y consumo han evolucionado con el tiempo, y las técnicas modernas de cultivo permiten una producción más eficaz de hongos mágicos. El consumo de estos hongos puede inducir estados alterados de conciencia, que conducen a experiencias espirituales profundas y a una percepción mejorada. Es importante reconocer los riesgos potenciales y abordar su consumo de forma responsable. Dado que las leyes y normativas que rodean a los hongos mágicos siguen evolucionando, es crucial entablar debates abiertos e informados sobre sus usos, efectos y beneficios potenciales, a fin de promover prácticas seguras y responsables.

XV. USO RECREATIVO Y SUBCULTURA

En los últimos años, el uso recreativo de los hongos mágicos ha atraído una gran atención, lo que ha dado lugar a la aparición de una subcultura dedicada a su consumo. Esta subcultura suele bullir en torno al uso y cultivo clandestinos de estos hongos psicodélicos. Los entusiastas forman comunidades y plataformas en línea, donde comparten experiencias personales, conocimientos y recursos relacionados con los hongos mágicos. Estas plataformas sirven de centro neurálgico para las personas que desean explorar los aspectos recreativos y espirituales de esta sustancia. El uso recreativo de los hongos mágicos se debe principalmente a sus propiedades alucinógenas, que inducen estados alterados de conciencia y profundas experiencias subjetivas. Estas experiencias suelen describirse como místicas, transformadoras y de expansión mental. Sus defensores sostienen que los hongos mágicos pueden facilitar el autodescubrimiento, el crecimiento personal y el aumento de la creatividad. Así pues, la subcultura recreativa que ha surgido en torno al consumo y cultivo de hongos pretende promover estos beneficios percibidos, garantizando al mismo tiempo un uso seguro y responsable. Dentro de esta subcultura, han surgido diversos rituales y prácticas para mejorar la experiencia recreativa del consumo de hongos mágicos. Por ejemplo, muchas personas adoptan lo que se conoce como el papel de "cuidador del viaje". Un "trip sitter" es una persona que permanece sobria durante el viaje psicodélico y actúa como guía y sistema de apoyo para los que están bajo la influencia de los hongos mágicos. Esta práctica pretende proporcionar un entorno seguro y reconfortante, minimizando los riesgos asociados a las experiencias alucinógenas. Algunos usuarios incorporan rituales y ceremonias, inspirados en culturas indígenas y tradiciones espirituales, a sus viajes con hongos. Se cree que estas prácticas realzan el carácter sagrado y el potencial transformador de la experiencia. Es importante señalar que apropiarse de estos rituales sin comprender y respetar adecuadamente sus orígenes puede considerarse irrespetuoso e insensible. El uso recreativo de los hongos mágicos no está exento de riesgos y desafíos. Debido a su naturaleza alucinógena, los hongos mágicos pueden inducir efectos psicológicos impredecibles e intensos, como ansiedad, paranoia y confusión. Estos efectos pueden ser especialmente difíciles para las personas con trastornos mentales preexistentes o propensas a la psicosis. La naturaleza no regulada del mercado clandestino de hongos mágicos plantea riesgos adicionales, ya que no se puede garantizar la calidad, potencia y pureza de estas sustancias. Consumir hongos contaminados o mal identificados puede provocar graves complicaciones de salud. Algunos defensores abogan por la despenalización o legalización de los hongos mágicos para garantizar un acceso más seguro y una mejor regulación de su consumo. Los gobiernos de todo el mundo han adoptado distintos enfoques respecto al uso recreativo de los hongos mágicos. Algunos países, como Brasil, Jamaica y Portugal, han despenalizado o reducido considerablemente las penas por posesión y cultivo de hongos mágicos, reconociendo su potencial valor terapéutico y espiritual. Otros países, como Holanda y algunos estados de Estados Unidos, han adoptado una actitud más tolerante, permitiendo la venta y el consumo de hongos mágicos en entornos específicos, como tiendas o retiros inteligentes autorizados. Los hongos mágicos siguen siendo ilegales en muchas jurisdicciones, con penas que van desde multas a penas de prisión. El uso recreativo de los hongos mágicos ha creado una subcultura activa y diversa en torno a su consumo y cultivo. Esta subcultura promueve un uso responsable y seguro, al tiempo que trata de explorar el potencial transformador de estos hongos alucinógenos. Es crucial que las personas aborden el uso recreativo de los hongos mágicos con precaución y respeto por los riesgos que conlleva. La regulación y despenalización de estas sustancias, combinadas con estrategias de educación y reducción de daños, pueden contribuir a una mejor comprensión y utilización de los beneficios recreativos y espirituales que ofrecen los hongos mágicos.

USO RECREATIVO DE LOS HONGOS Y SUBCULTURAS EN TORNO A SU CONSUMO

El uso recreativo de los hongos mágicos ha dado lugar a diversas subculturas que rodean su consumo. Estas subculturas engloban a una serie de personas que se sienten atraídos por las propiedades psicodélicas y las experiencias transformadoras que ofrecen los hongos mágicos. Una de estas subculturas es la comunidad de psiconautas, formada por personas que buscan activamente estados alterados de conciencia mediante el consumo de sustancias alucinógenas. Los psiconautas consideran los hongos mágicos como una herramienta de exploración y autodescubrimiento, que utilizan para ahondar en las profundidades de su propia psique y ampliar su comprensión del mundo que les rodea. Otra subcultura que ha surgido es la de los festivales y las fiestas rave, donde el consumo de hongos mágicos suele entrelazarse con la música electrónica y el sentido de comunidad. Para muchos, la combinación de los efectos eufóricos de la música y las propiedades psicodélicas de los hongos crea una experiencia única y trascendente. La subcultura que rodea el uso recreativo de los hongos mágicos también se extiende al ámbito de la espiritualidad. Algunos personas ven los hongos como un medio para conectar con lo divino o acceder a estados superiores de conciencia. Muchas culturas indígenas tienen una larga historia de uso de hongos que contienen psilocibina en ceremonias religiosas y espirituales, y esto ha influido en la percepción de los hongos mágicos como una sustancia sagrada entre ciertos grupos. Además de estas subculturas, el consumo recreativo de hongos mágicos también ha generado una vibrante comunidad en línea. Sitios web, foros y plataformas de medios sociales ofrecen un espacio para que los usuarios compartan información, experiencias y consejos relacionados con el cultivo y el consumo de hongos mágicos. Esta comunidad en línea facilita el intercambio de conocimientos y permite a las personas ponerse en contacto con otras que comparten su interés por los hongos mágicos. Aunque el consumo recreativo de hongos mágicos y las subculturas que lo rodean pueden proporcionar a las personas experiencias únicas y transformadoras, es importante reconocer los riesgos potenciales y las implicaciones legales que conlleva. Los hongos mágicos contienen el compuesto psicoactivo psilocibina, que puede tener profundos efectos en la percepción, la cognición y las emociones del consumidor. Estos efectos pueden variar mucho según el individuo, la dosis y el entorno en el que se consuman los hongos. Mientras que algunos usuarios pueden tener experiencias positivas e iluminadoras, otros pueden experimentar ansiedad, confusión o incluso un "mal viaje". El consumo recreativo de hongos mágicos es ilegal en muchos países. En Estados Unidos, por ejemplo, la psilocibina está clasificada como sustancia de la Lista I, lo que significa que se considera que tiene un alto potencial de abuso y ningún uso médico aceptado. A pesar de los riesgos legales, muchos personas siguen explorando el uso recreativo de los hongos mágicos y se sienten atraídos por las experiencias únicas y transformadoras que ofrecen. Las subculturas que rodean el consumo de hongos mágicos proporcionan un sentimiento de comunidad y pertenencia a quienes se dedican a esta actividad. Ya sea mediante la exploración de estados alterados de conciencia, la conexión con la espiritualidad o el intercambio en línea de información y experiencias, estas subculturas demuestran el atractivo y la fascinación perdurables por el consumo recreativo de hongos mágicos.

FESTIVALES, ENCUENTROS Y COMUNIDADES EN LÍNEA DEDICADOS A LOS HONGOS

Los festivales, las reuniones y las comunidades en línea dedicadas a los hongos mágicos se han convertido en vías para que los entusiastas y los curiosos se reúnan para celebrar, aprender y compartir sus experiencias. Un festival notable es la Conferencia Mundial sobre la Ayahuasca, que ha ampliado su enfoque para incluir una variedad de sustancias enteógenas, incluidas los hongos mágicos. Estos eventos ofrecen a los asistentes la oportunidad de participar en talleres, conferencias y debates que exploran los aspectos culturales, espirituales y terapéuticos de estas sustancias. Estos festivales sirven de plataforma para que investigadores y expertos presenten sus últimos descubrimientos y avances en este campo. Además de las reuniones físicas, las comunidades en línea han surgido como foros vibrantes para los entusiastas de los hongos mágicos. Plataformas como foros, grupos de redes sociales y sitios web dedicados al tema fomentan conversaciones sobre técnicas de cultivo, métodos de consumo, experiencias espirituales y prácticas de uso responsable. Estas comunidades en línea también actúan como valiosos recursos para quienes buscan orientación y apoyo antes, durante y después de sus propias experiencias con los hongos mágicos. Sirven como espacio donde los personas pueden compartir sus historias personales, percepciones y obras de arte relacionadas con sus encuentros con estas poderosas sustancias. Con el tiempo, estos espacios digitales se han convertido en comunidades virtuales que trascienden las fronteras geográficas, reuniendo a personas de diversos orígenes que comparten un interés común por los hongos mágicos. Así, los festivales, las reuniones y las comunidades en línea contribuyen a la aceptación social y cultural de los hongos mágicos, fomentando un sentimiento de comunidad, pertenencia y exploración. Estos eventos y comunidades también desempeñan un papel importante en los esfuerzos de educación y reducción de daños en torno a los hongos mágicos. Los talleres y presentaciones que se ofrecen en festivales y reuniones suelen centrarse en prácticas seguras, uso responsable y estrategias de reducción de daños. Proporcionan una plataforma para que los expertos compartan información sobre riesgos potenciales, pautas de dosificación e interacciones con otras sustancias. En este sentido, estos eventos y comunidades en línea pueden ser un recurso importante para mejorar el conocimiento público y promover un uso seguro e informado de los hongos mágicos. Al proporcionar educación e información sobre la reducción de daños, pretenden mitigar los peligros potenciales y promover la exploración responsable. Los festivales, encuentros y comunidades en línea dedicados a los hongos mágicos tienen el potencial de moldear la opinión pública y la política sobre estas sustancias. La naturaleza colaborativa y abierta de estos eventos fomenta el diálogo entre los participantes, incluidos investigadores, profesionales, legisladores y usuarios. Al compartir los resultados de las investigaciones, las experiencias personales y los puntos de vista, estas plataformas crean oportunidades para debates informados, desafiando los estigmas predominantes y las ideas erróneas que rodean a los hongos mágicos. Al reunir diversas perspectivas y fomentar una mayor comprensión del valor cultural, espiritual y terapéutico de estas sustancias, estos actos y comunidades en línea contribuyen al diálogo en curso sobre la legislación, regulación y accesibilidad de las drogas.

Los festivales, encuentros y comunidades en línea dedicados a los hongos mágicos proporcionan plataformas valiosas para que los entusiastas y los curiosos se conecten, aprendan y compartan sus experiencias. Estos eventos y comunidades fomentan el sentido de comunidad, exploración y educación. Contribuyen a la aceptación social y cultural de los hongos mágicos, proporcionan educación e información sobre la reducción de daños, y conforman la opinión pública y la política en torno a estas sustancias. Al reunir a personas de distintas procedencias y proporcionar un espacio para el diálogo abierto, los festivales, encuentros y comunidades en línea desempeñan un papel vital en el avance de la comprensión y el uso responsable de los hongos mágicos.

COMPARTIR EXPERIENCIAS, TRUCOS Y CONSEJOS EN LA SUBCULTURA RECREATIVA

Uno de los aspectos clave de la participación en una subcultura recreativa es el acto de compartir experiencias, trucos y consejos con otros entusiastas. En el contexto de los hongos mágicos, este intercambio de conocimientos desempeña un papel crucial para garantizar un consumo seguro y responsable, al tiempo que fomenta un sentimiento de comunidad entre los usuarios. Muchas personas que se inician en el mundo de los hongos mágicos a menudo dependen en gran medida de las experiencias y la sabiduría de los demás para navegar por su propio camino. Compartir anécdotas personales, debatir recomendaciones de dosis y proporcionar orientación sobre el ajuste y la configuración son sólo algunos ejemplos de cómo los personas de esta subcultura se ofrecen apoyo mutuo. Este intercambio de información suele producirse a través de diversas plataformas, como foros en línea, grupos en redes sociales o en persona en reuniones y actos. En estos espacios, los participantes comparten libremente sus puntos de vista, ofreciendo una riqueza de conocimientos que puede ayudar tanto a los recién llegados como a los usuarios experimentados a tomar decisiones informadas sobre sus experiencias psicodélicas. Una de las formas más valiosas de experiencia compartida es la aportación de consejos y técnicas para cultivar hongos mágicos. El cultivo es una práctica muy especializada que requiere una cuidadosa atención a los detalles y la aplicación de técnicas específicas. Los cultivadores novatos pueden beneficiarse enormemente de los consejos y la orientación de cultivadores más experimentados que ya han pasado por los ensayos y errores de cultivar sus propios lotes de hongos mágicos. Estos consejos pueden ir desde la orientación para conseguir esporas y sustratos de alta calidad hasta instrucciones para mantener unas condiciones ambientales óptimas, como la temperatura, la humedad y la iluminación. Al compartir sus conocimientos, los cultivadores experimentados contribuyen a la expansión de la subcultura al permitir que más personas se embarquen en sus propios viajes de cultivo, consumo y autoexploración.

El intercambio de consejos dentro de la subcultura recreativa va más allá del cultivo y a menudo se adentra en el terreno de la espiritualidad y la percepción. Los hongos mágicos se asocian desde hace mucho tiempo a profundas experiencias psicodélicas que pueden conducir a una mayor conciencia espiritual y crecimiento personal. A medida que los personas navegan por estas experiencias transformadoras, a menudo buscan orientación y consejo de otros que han recorrido caminos similares. Los debates sobre temas como la disolución del ego, las experiencias místicas y la integración de los conocimientos psicodélicos en la vida cotidiana son habituales en esta subcultura. Al compartir anécdotas personales, las personas pueden comprender mejor el potencial transformador de los hongos mágicos y aprender técnicas para superar experiencias psicodélicas difíciles o abrumadoras. Al compartir abiertamente experiencias, consejos y sugerencias, la subcultura recreativa que rodea a los hongos mágicos fomenta un fuerte sentimiento de apoyo y comunidad entre sus participantes. Este intercambio de conocimientos sirve tanto para educar como para proteger a los usuarios, garantizando que aborden el consumo de hongos mágicos con conciencia y responsabilidad.

El intercambio comunitario de conocimientos contribuye a la evolución continua de la subcultura, permitiendo a los personas ampliar los límites de sus experiencias y explorar nuevas perspectivas en el viaje psicodélico. Ya sea a través de foros en línea, grupos en las redes sociales o interacciones cara a cara, el acto de compartir dentro de esta subcultura sirve como una poderosa herramienta para que las personas conecten, aprendan y crezcan juntas.

FACTORES SOCIOCULTURALES QUE INFLUYEN EN EL USO RECREATIVO Y LA PREVALENCIA

Los factores socioculturales desempeñan un papel importante a la hora de influir en el uso recreativo y la prevalencia de los hongos mágicos. Uno de estos factores es la influencia de la cultura popular y los medios de comunicación. La representación de los hongos mágicos en el cine, la música y la literatura puede conformar la percepción social de estas sustancias e influir en su consumo recreativo. Por ejemplo, películas como "Miedo y asco en Las Vegas" y canciones como "Lucy in the Sky with Diamonds" han descrito experiencias psicodélicas asociadas a los hongos mágicos, lo que puede contribuir a su atractivo y popularidad entre algunos personas. El auge de Internet y de las plataformas de medios sociales ha proporcionado un espacio para la proliferación de información sobre los hongos mágicos, incluidos los métodos de cultivo y las experiencias de los usuarios. Esta accesibilidad a la información puede aumentar potencialmente la prevalencia del consumo de hongos mágicos a medida que los personas adquieren más conocimientos y sienten más curiosidad por sus efectos. Otro factor sociocultural que influye en el consumo de hongos mágicos es la influencia de las redes de iguales. Las conexiones sociales y los grupos de iguales pueden desempeñar un papel importante en la formación de actitudes, normas y comportamientos relacionados con el consumo de drogas, incluido el consumo recreativo de hongos mágicos. La presión de grupo y la aceptación social pueden contribuir al inicio y al consumo continuado de hongos mágicos, ya que los personas buscan encajar o experimentar nuevas experiencias. El proceso de socialización dentro de estos grupos también puede desempeñar un papel en la normalización y el refuerzo del consumo recreativo de hongos mágicos, creando un entorno en el que su consumo se considera una actividad deseable o aceptable.

Las actitudes sociales y los marcos jurídicos que rodean a los hongos mágicos también influyen en su consumo recreativo y su prevalencia. En algunas sociedades, los hongos mágicos se consideran sustancias tabú o ilegales, lo que puede contribuir a su naturaleza clandestina o secreta. La ilegalidad de los hongos mágicos puede crear una sensación de atractivo y rebeldía, que lleve a algunas personas a consumirlas con fines recreativos como forma de expresión contracultural o como acto de desafío a las normas sociales. Por otra parte, en las sociedades en las que los hongos mágicos son legales o están despenalizados, su consumo recreativo puede estar más abiertamente aceptado. Esto puede contribuir a una mayor prevalencia del consumo, ya que las personas se sienten más cómodas hablando de sus experiencias y accediendo a estas sustancias. Las creencias culturales y espirituales también pueden influir en el consumo recreativo de hongos mágicos. En algunas culturas indígenas, los hongos mágicos se han utilizado durante siglos como parte de rituales religiosos o espirituales. Estas prácticas culturales pueden influir en la percepción de los hongos mágicos y contribuir a su consumo recreativo en la sociedad contemporánea. Las personas pueden sentirse atraídas por los hongos mágicos como medio para buscar experiencias espirituales o conectar con su herencia cultural. Diversos factores socioculturales influyen en el uso recreativo y la prevalencia de los hongos mágicos. La representación de estas sustancias en la cultura popular y los medios de comunicación, la influencia de las redes de iguales, las actitudes sociales y los marcos legales, y las creencias culturales y espirituales, influyen en las actitudes, percepciones y comportamientos de las personas en relación con el consumo de hongos mágicos. Comprender estos factores socioculturales es crucial para desarrollar estrategias eficaces de reducción de daños y promover una toma de decisiones responsable e informada en relación con el consumo recreativo de hongos mágicos. Aunque los hongos mágicos se han utilizado durante miles de años por sus propiedades alucinógenas y su significado espiritual, su cultivo y consumo han suscitado una mayor atención en los últimos años. Cultivar hongos mágicos puede ser un proceso complejo y delicado, ya que implica crear las condiciones de crecimiento ideales para estos hongos. Por lo general, los hongos mágicos requieren un entorno oscuro y húmedo, que puede conseguirse utilizando un kit de cultivo o instalando un terrario con niveles controlados de temperatura y humedad. El sustrato utilizado para cultivar hongos mágicos desempeña un papel crucial en su desarrollo. Entre los sustratos habituales se encuentran los cereales, como el centeno o el mijo, o un medio rico en nutrientes, como la vermiculita o la harina de arroz integral. Una vez recolectados los hongos, pueden consumirse de varias formas. Algunas personas prefieren comerlas crudas o secas, mientras que otras optan por prepararlas en infusión o mezclarlas en un batido. Independientemente del método de consumo, es esencial medir cuidadosamente la dosis, ya que la potencia de los hongos mágicos puede variar y afectar a cada persona de forma diferente. El consumo de hongos mágicos puede provocar profundas alteraciones de la percepción y la conciencia. La psilocibina, el principal compuesto psicoactivo de estos hongos, actúa sobre los receptores de serotonina del cerebro, provocando alucinaciones visuales, una percepción alterada del tiempo y el espacio, y una sensación de unidad con el entorno circundante. Estos efectos pueden ser esclarecedores y transformadores, llevando a los consumidores a experimentar un mayor sentido de la empatía, la creatividad y la introspección. Muchas personas afirman haber tenido experiencias espirituales y sentimientos de conexión con algo más grande que ellas mismas bajo la influencia de los hongos mágicos. Estos profundos efectos han llevado a su uso en prácticas y rituales espirituales por diversas culturas a lo largo de la historia. A pesar de los beneficios potenciales y el significado espiritual asociados a los hongos mágicos, es crucial reconocer los riesgos y daños potenciales asociados a su consumo. Las personas con antecedentes de trastornos mentales, sobre todo psicóticos, deben extremar las precauciones al considerar el consumo de hongos mágicos, ya que pueden exacerbar los síntomas y desencadenar una psicosis aguda. El consumo de hongos mágicos en contextos no supervisados o no médicos puede provocar reacciones adversas, como ansiedad, paranoia y ataques de pánico. La experiencia también puede ser abrumadora para algunos personas, lo que conduce a una afección conocida como "mal viaje", caracterizada por ansiedad y miedo extremos. Para minimizar los riesgos, se recomienda consumir hongos mágicos en un entorno seguro y cómodo, rodeado de personas de confianza que puedan proporcionar apoyo en caso necesario. En términos de marcos legales y normativos, la situación de los hongos mágicos varía en todo el mundo. Mientras que algunos países, como Brasil y Jamaica, han despenalizado o legalizado su consumo, muchos otros clasifican los hongos mágicos como sustancia controlada. En Estados Unidos, por ejemplo, la psilocibina está clasificada como sustancia de la

Lista I, lo que significa que se considera que tiene un alto potencial de abuso y ningún uso médico aceptado. Los recientes avances en la investigación y la opinión pública han dado lugar a un movimiento creciente que defiende el potencial médico y terapéutico de la psilocibina, lo que puede provocar cambios en la legislación en el futuro. El cultivo y el consumo de hongos mágicos tienen una rica historia entrelazada con la espiritualidad y la percepción. Aunque su cultivo requiere condiciones y sustratos específicos, su consumo puede provocar profundas alteraciones de la conciencia y la percepción, que a menudo dan lugar a experiencias espirituales y de crecimiento personal. Es esencial reconocer los riesgos y daños potenciales asociados a su consumo, sobre todo para las personas con trastornos mentales. La situación legal y reglamentaria de los hongos mágicos varía en todo el mundo, lo que refleja los debates en curso y la evolución en la comprensión y aceptación de sus beneficios potenciales.

XVI. MICRODOSIFICACIÓN Y AUTOEXPERIMENTACIÓN

A medida que crece el interés por las sustancias psicodélicas, ha surgido una nueva tendencia conocida como microdosificación. La microdosificación consiste en consumir dosis subperceptuales de sustancias psicodélicas, como los hongos mágicos, con la intención de mejorar la creatividad, la función cognitiva y el bienestar general. Esta práctica, aunque aún no se comprende plenamente desde el punto de vista científico, ha ganado popularidad entre las personas que buscan enfoques alternativos de superación personal. La microdosificación suele realizarse mediante la autoexperimentación, en la que los personas diseñan sus propios protocolos y regímenes. La falta de investigación científica en este campo dificulta el establecimiento de directrices estandarizadas, recomendaciones de dosificación o resultados predecibles. Por consiguiente, la autoexperimentación ofrece a los personas la libertad de explorar los beneficios potenciales de la microdosificación según sus propias necesidades y preferencias individuales. Los defensores de la microdosificación creen que consumir dosis subperceptuales de sustancias psicodélicas puede producir diversos efectos positivos. Algunos afirman que aumenta la creatividad, la capacidad para resolver problemas y la atención y concentración. Otros afirman que mejora el estado de ánimo, disminuye la ansiedad y aumenta la sensación general de bienestar. Es importante señalar que estos efectos son en gran medida anecdóticos y subjetivos, ya que la investigación científica rigurosa en este campo se encuentra aún en sus primeras fases. Los mecanismos exactos por los que la microdosificación produce estos efectos siguen sin confirmarse. Algunos conjeturan que las microdosis de psicodélicos pueden actuar sobre los receptores de serotonina del cerebro, provocando un aumento de la neuroplasticidad y la formación de nuevas conexiones neuronales. Otros sugieren que los efectos psicotrópicos de las microdosis pueden inducir un estado de mayor percepción sensorial y el Mindfulness, lo que a su vez puede contribuir a mejorar la función cognitiva y el bienestar. Aunque hay personas que juran por los beneficios de la microdosificación, es crucial reconocer los posibles riesgos y limitaciones asociados a esta práctica. Uno de los principales retos consiste en determinar la dosis adecuada para la microdosificación, ya que los efectos de las dosis subperceptivas pueden variar mucho de una persona a otra. Los efectos a largo plazo de la microdosificación regular siguen siendo en gran medida desconocidos, lo que suscita preocupación por los posibles daños físicos y psicológicos. Otra consideración importante es la situación legal de las sustancias psicodélicas en muchas jurisdicciones. Los hongos mágicos y otros psicodélicos están clasificados como drogas ilícitas en numerosos países, por lo que su consumo y posesión son ilegales. Por tanto, la autoexperimentación conlleva riesgos legales que las personas deben tener en cuenta antes de embarcarse en un régimen de microdosificación. La microdosificación y la autoexperimentación con sustancias psicodélicas han ganado popularidad a medida que las personas buscan métodos alternativos para mejorar la creatividad, la función cognitiva y el bienestar general. Aunque los informes anecdóticos sugieren beneficios potenciales, aún falta investigación científica rigurosa sobre este tema. En consecuencia, la autoexperimentación proporciona a las personas la libertad de explorar la microdosificación según sus necesidades y preferencias individuales. Es crucial reconocer los posibles riesgos y limitaciones asociados a esta práctica, incluida la determinación de la dosis y las ramificaciones legales. A medida que progrese la investigación, es posible que surja una comprensión más clara de la microdosificación y sus efectos, pero por ahora, las personas que se dediquen a esta práctica deben proceder con cautela y responsabilidad.

MICRODOSIFICACIÓN: LA PRÁCTICA DE CONSUMIR DOSIS SUBPERCEPTIVAS DE HONGOS

La microdosificación se refiere a la práctica de consumir dosis subperceptuales de hongos mágicos para experimentar los posibles beneficios cognitivos y emocionales sin inducir un viaje psicodélico completo. Esta tendencia emergente ha atraído una atención considerable en los últimos años, y los entusiastas afirman que tiene una amplia gama de efectos positivos sobre el estado de ánimo, la creatividad, la concentración y el bienestar general. El concepto se basa en la creencia de que pequeñas dosis regulares de psilocibina, el compuesto psicoactivo de los hongos mágicos, pueden mejorar el funcionamiento diario y el estado mental. Sus defensores sostienen que la microdosificación puede aumentar la productividad, mejorar la capacidad de resolución de problemas y mejorar el estado de ánimo y la autoconciencia. Al consumir dosis inferiores al umbral de una experiencia psicodélica completa, las personas pueden aprovechar el potencial terapéutico de la psilocibina sin perder sus responsabilidades funcionales y sociales. Aunque la investigación científica que explora los mecanismos precisos y los efectos a largo plazo de las microdosis es limitada, las pruebas anecdóticas sugieren sus beneficios potenciales. Uno de los beneficios más comunes de la microdosificación es el aumento de la creatividad. Muchos consumidores afirman que consumir pequeñas dosis de hongos mágicos les ayuda a dar rienda suelta a su capacidad imaginativa, lo que aumenta su capacidad para resolver problemas y su pensamiento creativo. Aunque esta afirmación carece de validación científica rigurosa, las pruebas anecdóticas apuntan hacia el potencial de la psilocibina para facilitar conexiones y perspectivas novedosas dentro de las redes neuronales del cerebro. Se sugiere que la microdosificación altera el equilibrio de neurotransmisores, como la serotonina y la dopamina, lo que conduce a una mayor flexibilidad cognitiva y creatividad. La microdosificación puede promover la neurogénesis, el crecimiento de nuevas neuronas, lo que podría contribuir a la expansión de las vías neuronales y a la formación de asociaciones creativas.

Además de la creatividad, se ha informado de que la microdosificación mejora el estado de ánimo y el bienestar general. Los usuarios afirman que consumir dosis subperceptuales de hongos mágicos puede aliviar los síntomas de ansiedad y depresión, aumentar la motivación y potenciar la resiliencia emocional. Se cree que estos efectos proceden de la interacción entre la psilocibina y los receptores de serotonina del cerebro, que regulan el estado de ánimo y las emociones. Al modular los niveles de serotonina, la microdosificación puede ayudar a las personas a conseguir un estado emocional más positivo y equilibrado. Es importante tener en cuenta que las experiencias subjetivas de la microdosificación pueden variar mucho de una persona a otra, y algunas pueden no experimentar los efectos deseados de mejora del estado de ánimo. A pesar de las afirmaciones generalizadas sobre sus beneficios, la microdosificación sigue siendo una práctica controvertida y poco estudiada. Aún se desconocen en gran medida los riesgos potenciales y los efectos a largo plazo del consumo regular de dosis de psilocibina inferiores a las perceptivas. Aunque los hongos mágicos tienen una larga historia de uso tradicional en diversas culturas, la exploración científica de su potencial terapéutico es relativamente reciente. La investigación actual se centra principalmente en la macrodosificación, en la que los personas consumen dosis mayores y perceptivas de psilocibina en entornos controlados con fines terapéuticos. A medida que se realizan más estudios sobre microdosificación, es crucial abordar las preocupaciones relativas a la dosis, la frecuencia y las posibles interacciones con otros medicamentos. Las consideraciones legales y éticas en torno al uso de la psilocibina merecen un examen cuidadoso para proporcionar una comprensión exhaustiva de los riesgos y beneficios asociados a la microdosificación.

La microdosificación de hongos mágicos ha ganado popularidad por su potencial para mejorar la creatividad, el estado de ánimo y el bienestar. Aunque las pruebas anecdóticas sugieren efectos positivos, se necesita más investigación para dilucidar los mecanismos subyacentes y los riesgos potenciales de la microdosificación. A medida que la práctica sigue atrayendo la atención, es esencial abordarla con cautela, informados por la investigación científica y el diálogo abierto. Sólo mediante una investigación rigurosa podremos determinar el verdadero potencial de la microdosificación, garantizando la exploración segura y responsable de nuestra conciencia.

BENEFICIOS DE LA MICRODOSIFICACIÓN EN EL ESTADO DE ÁNIMO, LA CONCENTRACIÓN Y LA CREATIVIDAD

En los últimos años se ha prestado atención a los beneficios de la microdosificación en el estado de ánimo, la concentración y la creatividad. Muchas personas afirman que las microdosis de sustancias como los hongos psilocibios pueden tener efectos positivos en su bienestar emocional general. En cuanto a la mejora del estado de ánimo, algunos consumidores afirman sentir una mayor sensación de felicidad y satisfacción, y una reducción de los síntomas de depresión y ansiedad. Esto podría atribuirse a los compuestos psicodélicos de los hongos, que se cree que interactúan con los receptores de serotonina del cerebro, provocando cambios en el estado de ánimo y las emociones. Es importante señalar que estos beneficios no se han estudiado exhaustivamente en un entorno clínico y que las experiencias individuales pueden variar. La microdosificación también se ha asociado a una mejora de la concentración y la cognición. Algunos consumidores afirman que la microdosificación mejora su capacidad de concentración y de seguir realizando tareas, lo que aumenta su productividad. Esto podría deberse a los efectos de la psilocibina en las redes neuronales del cerebro, incluido el córtex prefrontal, responsable de funciones ejecutivas como la atención y la toma de decisiones. La investigación ha demostrado que la psilocibina puede aumentar la actividad en la red de modo por defecto, que está asociada a la autorreflexión y la divagación mental. Al modular esta red, la microdosificación puede ayudar a las personas a centrarse más en el momento presente y mejorar su rendimiento cognitivo. Otro beneficio de la microdosificación es el aumento de la creatividad. Muchos consumidores afirman que las microdosis de hongos psilocibios potencian su pensamiento creativo y su capacidad para resolver problemas. Esto puede deberse al modo en que la psilocibina afecta a los receptores de serotonina del cerebro, que intervienen en la regulación del estado de ánimo y los procesos cognitivos. Se cree que la psilocibina promueve la formación de nuevas conexiones neuronales y mejora el flujo de información entre las distintas regiones del cerebro. Este aumento de la conectividad puede facilitar la aparición de ideas novedosas y percepciones creativas. Se necesita más investigación para comprender plenamente los mecanismos que subyacen a estos efectos y determinar si pueden reproducirse de forma fiable. Aunque los beneficios comunicados de la microdosificación sobre el estado de ánimo, la concentración y la creatividad son intrigantes, es importante tener en cuenta los posibles riesgos y limitaciones asociados a esta práctica. La microdosificación sigue sin estar regulada en gran medida y faltan directrices de dosificación estandarizadas. Esto significa que las personas pueden tener dudas sobre la dosis adecuada o la calidad de las sustancias que consumen. No se conocen bien los efectos a largo plazo de la microdosificación, y la investigación sobre la seguridad y los posibles riesgos asociados a un consumo prolongado es limitada. Los beneficios de la microdosificación en el estado de ánimo, la concentración y la creatividad han despertado un gran interés, pero se necesita más investigación para comprender plenamente estos efectos. Aunque algunas personas afirman experimentar cambios positivos en su bienestar emocional, funciones cognitivas y pensamiento creativo, es importante abordar la microdosificación con precaución debido a la falta de pruebas científicas y a los posibles riesgos. Como ocurre con cualquier consumo de sustancias, es crucial dar prioridad a la seguridad, la toma de decisiones informada y el diálogo abierto entre las personas, los profesionales sanitarios y los responsables políticos.

RETOS Y FALTA DE PRUEBAS CIENTÍFICAS DE LA MICRODOSIFICACIÓN

Los retos y la falta de pruebas científicas de la microdosificación se han convertido en aspectos destacados del discurso en torno al consumo de hongos mágicos. Uno de los principales retos a los que se enfrentan los defensores de la microdosificación es la falta de ensayos clínicos y de investigación científica rigurosa sobre el tema. Aunque abundan las anécdotas y los testimonios personales, escasean las pruebas empíricas que respalden las afirmaciones sobre los beneficios de la microdosificación. Esto se debe en parte a las restricciones legales que rodean el uso de sustancias psicodélicas, que han impedido a los investigadores realizar estudios a gran escala. La naturaleza subjetiva de los efectos experimentados durante la microdosificación dificulta el diseño y la realización de experimentos controlados que puedan analizarse rigurosamente. Otro reto reside en la inconsistencia de las dosis y la falta de protocolos estandarizados para la microdosificación. Sin directrices claras, las personas que experimentan con microdosis deben determinar sus propias dosis y frecuencias, lo que provoca variaciones en los resultados y una posible interpretación errónea de los mismos. El efecto placebo y el poder de la sugestión no pueden descartarse al examinar los beneficios declarados de la microdosificación. Es posible que los efectos positivos atribuidos a la microdosificación sean simplemente el resultado de que los personas esperan resultados positivos y los perciben en consecuencia. Los riesgos potenciales y los efectos a largo plazo de la microdosificación siguen siendo en gran medida desconocidos. Se sabe poco sobre el perfil de seguridad de las sustancias psicodélicas cuando se consumen en microdosis durante periodos de tiempo prolongados. Puede haber riesgos imprevistos para la salud asociados a la microdosificación regular que aún no se han identificado o comprendido. También es importante tener en cuenta el potencial de daño psicológico, sobre todo para las personas con trastornos mentales preexistentes. Sin una investigación científica exhaustiva, es difícil evaluar los verdaderos riesgos y beneficios de la microdosificación y tomar decisiones informadas sobre su uso. Las dificultades y la falta de pruebas científicas de la microdosificación con hongos mágicos son obstáculos importantes para su aceptación y comprensión generalizadas. La disponibilidad limitada de ensayos y estudios clínicos ha obstaculizado la capacidad de reunir pruebas empíricas y sacar conclusiones fiables sobre los efectos, beneficios y riesgos de la microdosificación. La naturaleza subjetiva de los efectos de la microdosificación, la incoherencia de las dosis y los protocolos, y la posible influencia del efecto placebo complican aún más los esfuerzos por obtener datos significativos. Las consecuencias a largo plazo y los riesgos potenciales asociados a la microdosificación regular siguen siendo en gran medida desconocidos, lo que obliga a las personas a tomar decisiones basadas en información incompleta. Es crucial que la investigación futura aborde estos retos y colme las lagunas en nuestra comprensión de la microdosificación. Realizando experimentos rigurosos, estandarizando los protocolos e investigando los efectos a largo plazo y los riesgos potenciales, podemos desarrollar una comprensión más exhaustiva de los verdaderos beneficios y limitaciones de las microdosis de hongos mágicos. Sólo entonces podrán los personas tomar decisiones informadas sobre si incorporar la microdosificación a sus vidas, y los responsables políticos podrán desarrollar normativas y directrices adecuadas en torno a su uso.

LA AUTOEXPERIMENTACIÓN Y LA IMPORTANCIA DE LOS PROTOCOLOS RESPALDADOS POR LA INVESTIGACIÓN

La autoexperimentación, junto con los protocolos respaldados por la investigación, desempeña un papel importante en el avance de la comprensión de diversos fenómenos, incluidos los efectos de los hongos mágicos sobre la cognición, la percepción y la espiritualidad. Mientras que la autoexperimentación permite a los personas obtener experiencias y conocimientos de primera mano, los protocolos respaldados por la investigación proporcionan un marco sistemático para garantizar la fiabilidad y validez de los hallazgos. Esta interacción dinámica entre la exploración personal y la investigación científica es esencial para desentrañar los aspectos polifacéticos de los hongos mágicos y sus posibles beneficios o riesgos. La autoexperimentación permite a los personas observar y documentar subjetivamente sus experiencias con los hongos mágicos, proporcionando una perspectiva y una comprensión únicas que pueden no captarse únicamente mediante los enfoques experimentales tradicionales. Al sumergirse en los efectos del consumo de hongos mágicos, las personas pueden obtener una visión personal de los estados alterados de conciencia, la espiritualidad elevada y el pensamiento creativo mejorado. Estas revelaciones experienciales pueden comunicarse a los investigadores, enriqueciendo su comprensión del fenómeno estudiado. Basarse únicamente en experiencias personales puede ser problemático, ya que los sesgos y limitaciones inherentes a las observaciones subjetivas pueden dar lugar a conclusiones engañosas o poco fiables. Para aumentar el valor y el rigor de la autoexperimentación, los investigadores abogan por protocolos respaldados por la investigación que se adhieran a procedimientos sistemáticos y estandarizados. Al emplear metodologías científicas como los experimentos controlados con placebo, los estudios doble ciego y la recogida y el análisis rigurosos de datos, los protocolos respaldados por la investigación ayudan a establecer una sólida base probatoria de los efectos de los hongos mágicos. Estos protocolos también capacitan a los investigadores para evaluar y escudriñar críticamente las afirmaciones que surgen de la autoexperimentación, diferenciando entre los informes anecdóticos y los hallazgos científicamente válidos. Una de las principales ventajas de incorporar protocolos respaldados por la investigación es la posibilidad de replicar y verificar los hallazgos en múltiples estudios, lo que aumenta la credibilidad y la generalizabilidad de los conocimientos generados. Dichos protocolos permiten a los investigadores identificar y controlar los factores de confusión que pueden influir en los efectos observados, mejorando la precisión y solidez de las conclusiones extraídas. Los protocolos respaldados por la investigación allanan el camino para las colaboraciones interdisciplinarias, ya que proporcionan un terreno común para que los científicos de diversos campos investiguen exhaustivamente la compleja naturaleza de los hongos mágicos. La integración de distintas perspectivas y conocimientos permite una comprensión más exhaustiva de los efectos de los hongos mágicos en las dimensiones cognitiva, perceptiva y espiritual de los personas. La autoexperimentación y los protocolos respaldados por la investigación no son enfoques mutuamente excluyentes, sino más bien complementarios, a la hora de investigar los efectos de los hongos mágicos. Mientras que la autoexperimentación ofrece una gran riqueza de percepciones y experiencias personales, los protocolos respaldados por la investigación proporcionan la estructura y el rigor científico necesarios para elevar estos relatos individuales a un valioso cuerpo de conocimientos. Al adoptar ambos enfoques, los investigadores pueden aprovechar la diversidad de las experiencias humanas, garantizando al mismo tiempo la integridad y objetividad de sus hallazgos. La utilización de protocolos respaldados por la investigación mejora las consideraciones éticas en torno al consumo de hongos mágicos. Las prácticas estandarizadas y los procedimientos de consentimiento informado inherentes a estos protocolos dan prioridad al bienestar y la seguridad de las personas que participan en los estudios, mitigando los riesgos potenciales. En consecuencia, la autoexperimentación y los protocolos respaldados por la investigación forman una relación simbiótica, que permite una exploración holística de los efectos de los hongos mágicos al tiempo que se mantienen el rigor científico y las normas éticas. La amalgama de autoexperimentación y protocolos respaldados por la investigación es vital para desentrañar las complejidades de los efectos de los hongos mágicos. Aunque las experiencias personales ofrecen perspectivas únicas, los protocolos respaldados por la investigación desempeñan un papel crucial para garantizar la fiabilidad, validez y generalizabilidad de estos hallazgos. Adoptando ambos enfoques, los investigadores pueden aprovechar las perspectivas individuales al tiempo que se adhieren a las metodologías científicas, fomentando una comprensión más profunda de las dimensiones cognitivas, perceptivas y espirituales aumentadas por el consumo de hongos mágicos.

Los hongos mágicos, también conocidas como hongos psilocibios, se cultivan y consumen desde hace siglos por sus propiedades psicoactivas. Estos hongos contienen el compuesto psilocibina, responsable de los efectos de alteración mental que experimentan los consumidores. El cultivo de hongos mágicos implica crear un entorno adecuado para su crecimiento, como utilizar un sustrato rico en nutrientes y mantener unos niveles específicos de temperatura y humedad. Una vez recolectados los hongos, se pueden consumir de varias formas, como secos y molidos en polvo o en infusión. El consumo de hongos mágicos puede provocar una serie de experiencias, desde alucinaciones leves y percepción alterada hasta profundas experiencias espirituales y disolución del ego. Se cree que estos efectos se deben a la interacción entre la psilocibina y los receptores de serotonina del cerebro. Los hongos mágicos tienen una larga historia de uso en prácticas espirituales y religiosas, sobre todo en las culturas indígenas. Los hongos se consideran a menudo una herramienta sagrada para explorar la naturaleza de la realidad, conectar con lo divino y obtener una visión de uno mismo y del mundo. Muchos consumidores describen sus experiencias con hongos mágicos como profundamente profundas y transformadoras, que conducen al crecimiento personal, a una mayor empatía y a una mayor apreciación de la interconexión de todas las cosas. El consumo de hongos mágicos también conlleva ciertos riesgos. Los efectos de la psilocibina pueden ser impredecibles, y no todo el mundo tiene una experiencia positiva. Algunos usuarios pueden experimentar ansiedad, paranoia o confusión, sobre todo con dosis más altas. Es importante que las personas aborden el consumo de hongos mágicos con precaución, teniendo en cuenta factores como el entorno, la dosis y los antecedentes personales de salud mental. La legalidad de los hongos mágicos varía de un país a otro e incluso dentro de distintas regiones de un mismo país. En algunos lugares, el cultivo, la posesión y la venta de hongos mágicos están estrictamente prohibidos, mientras que en otros, pueden estar tolerados o incluso disponibles legalmente para uso personal. La situación legal de los hongos mágicos es un tema de debate y discusión constante, con argumentos a favor de sus posibles beneficios terapéuticos en el tratamiento de enfermedades mentales como la depresión y la ansiedad. A pesar de los riesgos potenciales y las complejidades legales que rodean su consumo, los hongos mágicos siguen siendo muy consumidas y apreciadas por sus propiedades únicas. Poseen cierto atractivo para las personas que buscan una perspectiva diferente de la realidad o que buscan percepciones espirituales y crecimiento personal. El consumo de hongos mágicos puede considerarse un viaje profundamente personal y transformador, que ofrece a los personas una visión de los misterios de la mente y la naturaleza de la consciencia. A medida que siga avanzando la comprensión científica de las sustancias psicodélicas, es probable que se siga explorando y comprendiendo el papel de los hongos mágicos en la medicina, la espiritualidad y la percepción humana. Mientras tanto, las personas interesadas en el cultivo y consumo de hongos mágicos deben abordar su uso con precaución, respeto y una profunda comprensión de los riesgos y beneficios potenciales que conlleva.

XVII. CONSIDERACIONES ÉTICAS Y SOSTENIBILIDAD

Al explorar el cultivo, el consumo, la espiritualidad, la percepción, las guías, la historia, los usos, los efectos, los riesgos, las leyes, las normativas y otros aspectos relacionados con los hongos mágicos, es crucial tener en cuenta las implicaciones éticas y centrarse en la sostenibilidad. A medida que aumentan la popularidad y la demanda de hongos mágicos, es necesario abordar las posibles preocupaciones éticas en torno a su producción y consumo. Una de las principales consideraciones éticas gira en torno al entorno natural y la conservación de las especies de hongos. Los hongos mágicos están estrechamente relacionados con sus hábitats naturales y suelen prosperar en condiciones ecológicas específicas. El rápido crecimiento de la demanda de hongos mágicos podría conducir a la recolección excesiva y al agotamiento de las poblaciones silvestres, poniendo en peligro la biodiversidad de los ecosistemas. Las prácticas de cultivo sostenible, como la agricultura de interior o el cultivo controlado al aire libre, pueden ser alternativas viables para aliviar la presión sobre las poblaciones silvestres. Al aplicar prácticas sostenibles, se reconoce la responsabilidad ética de preservar el medio ambiente y sus especies, fomentando una relación sostenible y a largo plazo entre los humanos y los hongos mágicos. Otra consideración ética se refiere al consumo informado y responsable. Como ocurre con cualquier sustancia psicoactiva, el consumo de hongos mágicos conlleva riesgos potenciales y requiere un enfoque responsable. Las experiencias psicodélicas inducidas por los hongos mágicos pueden influir profundamente en el estado mental y emocional de un individuo. Es crucial hacer hincapié en las prácticas de reducción de daños y asegurarse de que las personas estén bien informadas sobre los riesgos potenciales, los efectos y las dosis. Promover la educación y la concienciación sobre el consumo responsable de hongos mágicos puede capacitar a los usuarios para tomar decisiones informadas y minimizar los daños potenciales para sí mismos y para los demás. Las directrices éticas, como establecer restricciones de edad, facilitar información detallada sobre las dosis y promover una cultura de seguridad, pueden ayudar a salvaguardar a las personas y las comunidades.

Las consideraciones éticas van más allá de los personas y abarcan las repercusiones sociales y culturales del consumo de hongos mágicos. La apropiación cultural y la explotación de los conocimientos indígenas son preocupaciones que suelen asociarse a la mercantilización de los hongos mágicos. Las comunidades indígenas tienen una larga historia de uso de sustancias psicodélicas, incluidos los hongos, con fines espirituales, medicinales y culturales. Es esencial reconocer y respetar las contribuciones y la propiedad intelectual de estas comunidades fomentando el comercio justo, entablando colaboraciones respetuosas en materia de investigación y garantizando que la comercialización de los hongos mágicos no menoscabe su significado cultural.

Desde el punto de vista legal, las consideraciones éticas surgen en el contexto de las normativas existentes y la posibilidad de que se produzcan cambios en el futuro. Actualmente, la situación legal de los hongos mágicos varía según las jurisdicciones: algunas permiten su uso con fines médicos o de investigación, mientras que otras prohíben estrictamente cualquier forma de posesión o consumo. Surgen problemas éticos cuando los marcos jurídicos no se ajustan a las pruebas científicas, lo que impide la investigación y obstruye el acceso a tratamientos potencialmente beneficiosos. Abogar por políticas basadas en pruebas y evaluar las posibles aplicaciones terapéuticas de los hongos mágicos puede promover un panorama normativo más ético y equitativo. Explorar los aspectos polifacéticos de los hongos mágicos exige abordar consideraciones éticas y abrazar la sostenibilidad. Si se da prioridad a la conservación de los entornos naturales, se promueve el consumo responsable, se respeta el conocimiento indígena y se aboga por políticas basadas en pruebas, se puede fomentar una relación más ética y sostenible con los hongos mágicos. Reconocer y abordar estas consideraciones éticas es crucial para crear un enfoque equilibrado y responsable del cultivo, el consumo y las repercusiones sociales de los hongos mágicos.

CUESTIONES ÉTICAS RELACIONADAS CON EL CONSUMO Y EL CULTIVO

Las preocupaciones éticas relacionadas con el consumo y el cultivo de hongos mágicos son polifacéticas y requieren un examen minucioso. Una de las principales preocupaciones éticas es el daño potencial a las personas que consumen estas sustancias. Los hongos mágicos contienen psilocibina, un compuesto psicodélico natural capaz de inducir profundas alteraciones de la percepción y la conciencia. Aunque algunas personas pueden tener experiencias positivas con los hongos mágicos, también existe el riesgo de desencadenar reacciones adversas, como ataques de pánico, psicosis o incluso el agravamiento de enfermedades mentales preexistentes. Las consecuencias de estas reacciones adversas pueden ser graves y potencialmente duraderas, y afectar al bienestar general y a la calidad de vida. El cultivo y la disponibilidad de hongos mágicos plantean cuestiones de oferta y demanda. Los principios éticos de reducción de daños y consentimiento informado son cruciales en los debates sobre el consumo de estas sustancias. Hay que informar adecuadamente a los usuarios sobre los riesgos potenciales y darles las herramientas para que tomen decisiones informadas sobre su consumo personal de drogas. Esto plantea cuestiones sobre el papel de las instituciones sociales a la hora de regular y educar a los personas sobre el consumo de sustancias como los hongos mágicos. ¿Debería la sociedad adoptar un enfoque más permisivo, permitiendo a los personas explorar plenamente su conciencia mediante el uso de estas sustancias, o debería haber normativas y limitaciones estrictas para garantizar la salud y la seguridad de los personas? Otra preocupación ética en torno al consumo de hongos mágicos es el potencial de explotación. Algunos personas pueden ser más vulnerables al encanto de las experiencias psicodélicas y pueden ser víctimas de prácticas depredadoras, como el sobreprecio o la adulteración de los hongos mágicos con otras sustancias potencialmente nocivas. El cultivo y la distribución de hongos mágicos también pueden suscitar preocupación por la explotación de poblaciones vulnerables, como las comunidades indígenas que han mantenido durante mucho tiempo relaciones sagradas con estas sustancias. Existen preocupaciones éticas vinculadas a la sostenibilidad medioambiental. El aumento de la demanda de hongos mágicos puede dar lugar a prácticas de cultivo insostenibles, como la deforestación o la recolección excesiva. Estas acciones pueden tener importantes repercusiones ecológicas y alterar ecosistemas delicados. La explotación y destrucción de los hábitats naturales también puede tener graves consecuencias para las comunidades indígenas que dependen de estas zonas para sus prácticas culturales y espirituales. Es importante reconocer y abordar estas preocupaciones éticas para desarrollar prácticas responsables y sostenibles en torno al consumo y cultivo de hongos mágicos. La educación, las iniciativas de reducción de daños y las normativas legales pueden ayudar a mitigar algunas de estas preocupaciones. Promoviendo un consumo seguro e informado, las personas pueden tomar decisiones más cuidadosas sobre su consumo, reduciendo la probabilidad de reacciones adversas y daños. La aplicación de normativas que den prioridad a la protección de las poblaciones y los ecosistemas vulnerables puede ayudar a garantizar prácticas éticas y sostenibles. Los esfuerzos de colaboración entre investigadores, responsables políticos y comunidades pueden ayudar a encontrar un equilibrio entre los posibles beneficios y riesgos asociados al consumo y cultivo de hongos mágicos.

ABASTECIMIENTO SOSTENIBLE Y RESPONSABLE DE HONGOS

El abastecimiento sostenible y responsable de hongos es un aspecto crucial que no puede pasarse por alto, ya que la demanda de estos hongos sigue aumentando. Con sus numerosas aplicaciones, que van desde el uso culinario hasta fines medicinales, los hongos han ganado popularidad en los últimos años, lo que ha provocado un aumento exponencial de su consumo. La recolección indiscriminada de hongos silvestres y las prácticas de cultivo insostenibles suponen una amenaza para su disponibilidad a largo plazo. Para garantizar la disponibilidad continuada de hongos, deben adoptarse prácticas de abastecimiento sostenibles. Uno de los aspectos clave del abastecimiento sostenible es el cultivo de hongos con métodos ecológicos y respetuosos con el medio ambiente. Las prácticas agrícolas convencionales suelen implicar el uso de fertilizantes y pesticidas sintéticos que no sólo degradan el suelo, sino que también tienen efectos nocivos en los ecosistemas. Al optar por métodos de cultivo ecológico, los cultivadores de hongos pueden minimizar su impacto medioambiental y reducir los riesgos asociados a los residuos químicos. Las prácticas de cultivo ecológico también fomentan la biodiversidad, ya que no alteran el ecosistema natural. Por ejemplo, en lugar de recurrir a pesticidas sintéticos, los agricultores ecológicos pueden introducir depredadores naturales para combatir las plagas, manteniendo así el equilibrio del ecosistema. Además de la agricultura ecológica, el abastecimiento responsable de hongos también debe implicar prácticas sostenibles de recolección en la naturaleza. La recolección excesiva de hongos silvestres puede agotar sus poblaciones naturales y alterar su función ecológica. Para contrarrestarlo, deben establecerse normativas que limiten el número de hongos que pueden recolectarse en una zona determinada. Estas normativas pueden ir acompañadas de iniciativas educativas destinadas a concienciar sobre la importancia de una recolección responsable. Educando al público sobre el impacto de sus acciones, las personas pueden tomar decisiones con conocimiento de causa y contribuir a la conservación de las poblaciones de hongos en estado silvestre. El abastecimiento sostenible debe tener en cuenta los aspectos socioeconómicos asociados al cultivo de hongos. En muchas zonas, el cultivo de hongos constituye una fuente de ingresos y empleo para las comunidades locales. Al apoyar las prácticas de abastecimiento sostenible, los consumidores pueden contribuir a la subsistencia de estas comunidades, al tiempo que garantizan la conservación de los ecosistemas de hongos. Las certificaciones de comercio justo, por ejemplo, pueden garantizar que los agricultores reciben un precio justo por sus productos y que sus condiciones de trabajo son éticas. Al elegir comprar hongos con estas certificaciones, los consumidores apoyan activamente medios de vida sostenibles y prácticas de abastecimiento responsables. La investigación y la innovación desempeñan un papel crucial en el abastecimiento sostenible de hongos. Los estudios en curso sobre la biología de los hongos, las técnicas de cultivo y las interacciones ecológicas pueden ayudar a identificar los métodos más eficaces y respetuosos con el medio ambiente. Los avances tecnológicos, como la agricultura vertical y la micotecnología, ofrecen soluciones prometedoras para mejorar la sostenibilidad del cultivo de hongos. Estos avances permiten aumentar la producción en espacios más pequeños, reduciendo la presión sobre los recursos de la tierra. Invirtiendo en investigación y manteniéndose informado sobre las técnicas emergentes, el sector de los hongos puede seguir evolucionando de forma sostenible.

El abastecimiento sostenible y responsable de hongos es una empresa polifacética que requiere la adopción de diversas prácticas. Desde la agricultura ecológica hasta la recolección responsable, cada aspecto contribuye a la disponibilidad de hongos a largo plazo, minimizando al mismo tiempo el impacto medioambiental. Considerar los aspectos socioeconómicos e invertir en investigación e innovación son esenciales para garantizar una industria sostenible de los hongos. Al dar prioridad a estas prácticas, los consumidores pueden hacer elecciones conscientes que contribuyan a la conservación de los ecosistemas de hongos y al bienestar de las comunidades implicadas en su cultivo.

ESFUERZOS DE CONSERVACIÓN PARA PROTEGER LAS ESPECIES AMENAZADAS

Los esfuerzos de conservación para proteger las especies amenazadas son de vital importancia en el mundo actual. A medida que las actividades humanas siguen amenazando a diversas especies en todo el planeta, se ha vuelto crucial desarrollar estrategias que puedan mitigar y, en última instancia, invertir los impactos negativos. Un enfoque clave en los esfuerzos de conservación es la preservación del hábitat. Muchas especies amenazadas están en peligro debido a la pérdida, fragmentación y degradación de sus hábitats naturales. Mediante el establecimiento de zonas protegidas y la aplicación de prácticas sostenibles de uso de la tierra, podemos garantizar la supervivencia y recuperación de estas especies. Las iniciativas de conservación a menudo implican programas de reintroducción, cuyo objetivo es reintroducir en la naturaleza personas criados en cautividad. Estos programas son especialmente beneficiosos para las especies con poblaciones en declive, ya que ayudan a restaurar la diversidad genética y a mejorar la salud general de la población. Una normativa estricta y la cooperación internacional son esenciales para combatir el comercio ilegal de especies silvestres, que representa una amenaza importante para muchas especies amenazadas. Haciendo cumplir las leyes contra el tráfico y concienciando sobre las consecuencias de tales actividades, podemos trabajar para reducir la demanda de productos ilegales de fauna y flora silvestres y proteger a las especies vulnerables. Otro aspecto crucial de los esfuerzos de conservación es el fomento de la educación pública y la participación de la comunidad. Capacitando a las comunidades locales con conocimientos sobre las especies amenazadas y su importancia, podemos fomentar un sentido de custodia y alentar prácticas sostenibles. Esto no sólo beneficia directamente a las especies, sino que también contribuye a la salud general de los ecosistemas. Los esfuerzos de conservación suelen ir de la mano de la investigación científica. Al estudiar las especies amenazadas, los científicos pueden obtener información valiosa sobre su comportamiento, necesidades de hábitat y funciones ecológicas. Esta información es vital para diseñar estrategias de conservación eficaces y supervisar el éxito de los esfuerzos en curso. Las campañas de concienciación pública desempeñan un papel importante en la generación de apoyo a las iniciativas de conservación y en el fomento de un sentido de responsabilidad medioambiental. Al destacar la importancia de preservar la biodiversidad y hacer hincapié en la interconexión de todos los organismos vivos, estas campañas pueden inspirar a las personas a actuar y contribuir a los esfuerzos de conservación. Es importante reconocer la necesidad de sostenibilidad a largo plazo en los esfuerzos de conservación. Abordar las causas subyacentes del peligro, como la destrucción del hábitat y el cambio climático, es crucial para la supervivencia a largo plazo de las especies amenazadas. Esto requiere un enfoque polifacético que incluya cambios políticos, gestión sostenible de los recursos y cooperación internacional. Los esfuerzos de conservación también deben tener en cuenta las posibles repercusiones de las amenazas emergentes, como la propagación de enfermedades o la introducción de especies invasoras. Para seguir siendo eficaces y pertinentes, las estrategias de conservación deben ser adaptables y responder a los nuevos retos. Los esfuerzos de conservación para proteger a las especies amenazadas son un componente fundamental para salvaguardar la biodiversidad y mantener unos ecosistemas sanos. Mediante la conservación del hábitat, los programas de reintroducción, la lucha contra el comercio ilegal de especies silvestres, la educación pública, la investigación científica y la sostenibilidad a largo plazo, podemos tener un impacto significativo en la conservación de las especies amenazadas. Trabajando juntos a escala local y mundial, podemos garantizar que las generaciones futuras puedan experimentar y apreciar la increíble diversidad de la vida en nuestro planeta.

APROPIACIÓN CULTURAL Y COMERCIALIZACIÓN DE LOS HONGOS

La apropiación cultural y la comercialización de los hongos mágicos se han convertido en temas polémicos en los últimos años. A medida que han aumentado la popularidad y la accesibilidad de estos hongos alucinógenos, también lo ha hecho la preocupación por el uso apropiado y la representación de su significado cultural y espiritual. Los hongos mágicos tienen una larga historia de uso tradicional en las culturas indígenas de todo el mundo, sobre todo en América Central y del Sur. Durante siglos, se han utilizado en ceremonias curativas, rituales espirituales y como medio de comunicación con lo divino. A medida que el interés por los hongos mágicos se ha extendido a la sociedad mayoritaria, ha aumentado la tendencia a separarlos de sus contextos culturales e históricos, lo que ha dado lugar a acusaciones de apropiación cultural. Los críticos sostienen que, al consumir hongos mágicos sin comprender ni respetar las prácticas y creencias culturales de las que proceden, los personas se apropian de una tradición sagrada para beneficio personal o diversión. Esta mercantilización de los hongos mágicos no sólo falta al respeto a las culturas indígenas, sino que diluye la profundidad y el significado de estas sustancias. La comercialización de los hongos mágicos agrava aún más estos problemas. La creciente demanda de hongos mágicos ha creado un mercado impulsado por el beneficio más que por la comprensión cultural. Esto ha conducido a la explotación de las comunidades indígenas que tradicionalmente han cultivado y utilizado estos hongos. Estas comunidades carecen a menudo de protección legal y corren el riesgo de que sus conocimientos y prácticas ancestrales sean cooptados y explotados por foráneos. La comercialización de hongos mágicos también puede plantear riesgos para la seguridad de los consumidores. En un mercado no regulado, aumenta el riesgo de contaminación o identificación errónea, lo que puede tener efectos perjudiciales para la salud. La naturaleza lucrativa de la industria puede fomentar prácticas poco éticas, como el uso de métodos de recolección insostenibles o la adulteración de los productos. Así pues, la apropiación cultural y la comercialización de los hongos mágicos son cuestiones complejas y profundamente interconectadas que tienen importantes implicaciones sociales, culturales y éticas. Para abordar estas preocupaciones, es importante dar prioridad a la educación y la comprensión. Las personas que decidan consumir hongos mágicos deben dedicar tiempo a informarse sobre su significado cultural e histórico, así como sobre los riesgos potenciales que entrañan. Esto incluye ser consciente de las fuentes y los proveedores de hongos mágicos, apoyar las prácticas éticas y sostenibles y participar en un consumo responsable. Del mismo modo, la industria tiene la responsabilidad de reconocer y respetar las raíces culturales de los hongos mágicos y de trabajar por unas prácticas más integradoras y equitativas. Esto puede implicar asociaciones con comunidades indígenas, el desarrollo de certificaciones de comercio justo o iniciativas de etiquetado, y la defensa de protecciones legales. Los marcos normativos y la educación de los consumidores pueden desempeñar un papel en la promoción de un uso seguro y responsable, garantizando al mismo tiempo una representación cultural adecuada.

La apropiación cultural y la comercialización de los hongos mágicos ponen de relieve los retos actuales de navegar por la intersección entre el conocimiento tradicional, la espiritualidad y la sociedad moderna. Fomentando el diálogo, la comprensión y las prácticas éticas, es posible apreciar y utilizar los beneficios de los hongos mágicos y, al mismo tiempo, preservar y honrar su significado cultural. Los hongos mágicos, también conocidas como hongos psilocibios, han sido utilizadas durante siglos por las culturas indígenas por sus propiedades espirituales y curativas. El cultivo y consumo de estos hongos tienen una larga historia, que se remonta a tiempos remotos. En los últimos años, ha resurgido el interés por los hongos mágicos por sus posibles efectos terapéuticos y por su capacidad para alterar la percepción y la conciencia. Cada vez hay más guías y recursos sobre cómo cultivar y consumir estos hongos, lo que los hace más accesibles a la población general. Es crucial comprender los riesgos y peligros potenciales asociados a su consumo. Los hongos mágicos actúan activando los receptores de serotonina del cerebro, lo que provoca una cascada de efectos, como alteraciones de la percepción, alucinaciones y cambios en los patrones de pensamiento. Estos efectos pueden ser profundos y potencialmente desafiantes, por lo que se recomienda un guía o mentor a quienes se inician en el consumo de hongos mágicos. Estas personas pueden proporcionar apoyo y orientación durante un viaje y ayudar a sortear las posibles experiencias difíciles que puedan surgir. Estos guías también pueden ayudar a los personas a integrar sus experiencias después del viaje, permitiendo una comprensión e integración más profundas de cualquier percepción obtenida durante la experiencia psicodélica. No pueden pasarse por alto los aspectos espirituales y místicos del consumo de hongos mágicos.

Muchas personas afirman haber tenido experiencias profundas y transformadoras mientras estaban bajo la influencia de la psilocibina. Estas experiencias suelen implicar una sensación de unidad con el universo, una disolución del ego y un sentimiento de interconexión con todos los seres vivos. El uso de hongos mágicos en un entorno ceremonial o ritual es habitual en las culturas indígenas, y permite a los personas ahondar en su psique interior y conectar con el reino espiritual. Este aspecto de los hongos mágicos ha atraído la atención de investigadores y estudiosos interesados en explorar los beneficios potenciales de estas sustancias. Es importante señalar que el consumo de hongos mágicos no está exento de riesgos. Los efectos de la psilocibina pueden variar de una persona a otra y pueden verse influidos por factores como la dosis, el entorno y la mentalidad. Algunos personas pueden experimentar ansiedad, paranoia o incluso un episodio psicótico mientras están bajo la influencia de los hongos mágicos. Existe el riesgo de experiencias desafiantes o difíciles, a menudo denominadas "malos viajes", que pueden resultar abrumadoras y potencialmente traumáticas. Es esencial abordar el consumo de hongos mágicos con precaución y respeto, e informarse sobre la dosis, la configuración y el entorno adecuados. La situación legal de los hongos mágicos varía de un país a otro. En algunos lugares, están clasificadas como sustancias de la Lista I, lo que significa que su producción, posesión y consumo son ilegales. Se ha producido un movimiento creciente para despenalizar o incluso legalizar los hongos de psilocibina, alentado por el creciente número de pruebas que respaldan sus posibles aplicaciones terapéuticas. Estas aplicaciones potenciales incluyen el tratamiento de la depresión, la ansiedad, la adicción y la angustia al final de la vida. El potencial terapéutico de los hongos mágicos se está explorando actualmente en ensayos clínicos, y los primeros resultados son prometedores. Los hongos mágicos tienen una rica historia y siguen interesando a muchos por sus efectos espirituales, terapéuticos y de alteración de la conciencia. Aunque su consumo puede ofrecer experiencias profundas y transformadoras, es importante acercarse a ellas con precaución y respeto debido a los riesgos potenciales que entrañan. El cultivo, el consumo y la espiritualidad que rodean a los hongos mágicos son áreas de investigación y debate continuos, ya que los estudiosos y los responsables políticos se esfuerzan por comprender mejor los beneficios y riesgos potenciales de estas sustancias.

XVIII. EDUCACIÓN Y SENSIBILIZACIÓN

La educación y la concienciación desempeñan un papel crucial en la comprensión del cultivo, el consumo y la espiritualidad asociados a los hongos mágicos. Aunque estas sustancias tienen una larga historia de uso humano, sigue habiendo mucha desinformación y malentendidos en torno a sus efectos, riesgos y legalidad. Mediante la educación, las personas pueden comprender mejor las distintas variedades, métodos de cultivo y pautas de dosificación de los hongos mágicos. Este conocimiento puede ayudar a proporcionar un entorno seguro y controlado para el cultivo, reduciendo los riesgos asociados al uso de hongos contaminados o mal identificados. La educación puede arrojar luz sobre los posibles beneficios terapéuticos de los hongos mágicos, como su capacidad para aliviar los síntomas de la depresión, la ansiedad o la adicción. Las campañas de concienciación también pueden informar al público sobre las experiencias espirituales y transformadoras que puede facilitar el uso responsable e intencionado de estas sustancias. Al disipar los mitos y conceptos erróneos que rodean a los hongos mágicos, la educación puede capacitar a las personas para tomar decisiones informadas sobre su consumo y navegar por el complejo panorama legal. Es esencial que las personas conozcan la situación legal de los hongos mágicos en su jurisdicción para evitar posibles consecuencias jurídicas. Al educar a los usuarios sobre las leyes y normativas que rodean a estas sustancias, las personas pueden tomar decisiones informadas sobre cuándo y dónde consumir hongos mágicos sin infringir la ley. La educación puede ayudar a las personas a reconocer y mitigar los riesgos potenciales asociados al consumo de hongos mágicos. Esto incluye comprender el potencial de reacciones adversas, interacciones con otros medicamentos e implicaciones para la salud mental. Con este conocimiento, las personas pueden tomar decisiones informadas sobre su bienestar físico y mental, reduciendo la probabilidad de sufrir daños. La educación también desempeña un papel clave en la promoción de prácticas responsables y éticas en el cultivo y la distribución de hongos mágicos. Al educar a las personas sobre técnicas de cultivo sostenibles y sobre el impacto medioambiental del cultivo masivo, las campañas de concienciación pueden fomentar prácticas respetuosas con el medio ambiente. Esto incluye promover métodos de cultivo orgánicos, reducir los residuos y la contaminación, y apoyar a las comunidades locales en el proceso de cultivo. La educación puede abordar las implicaciones sociales y culturales del consumo de hongos mágicos. Al comprender el contexto histórico y cultural de estas sustancias, las personas pueden desarrollar un mayor aprecio por su significado en diversas prácticas indígenas y tradiciones espirituales. Esta comprensión ayuda a combatir la estigmatización y promueve una perspectiva más integradora y respetuosa del consumo de hongos mágicos. La educación y la concienciación son componentes vitales para navegar por las complejidades del cultivo, el consumo y la espiritualidad de los hongos mágicos. Mediante la educación, las personas pueden adquirir un conocimiento exhaustivo de las distintas cepas, métodos de cultivo y pautas de dosificación, reduciendo los riesgos asociados al consumo de hongos mágicos. Las campañas de concienciación también pueden informar al público sobre los beneficios terapéuticos potenciales y las experiencias espirituales asociadas a estas sustancias. La educación puede promover prácticas responsables y éticas en el cultivo y la distribución, al tiempo que fomenta la sostenibilidad medioambiental. Al disipar mitos y conceptos erróneos, la educación puede capacitar a las personas para tomar decisiones informadas y navegar por el panorama legal que rodea a los hongos mágicos. La educación y la concienciación son herramientas esenciales para promover el uso seguro y respetuoso de estas sustancias, al tiempo que fomentan una comprensión más amplia de sus beneficios potenciales y su significado cultural.

LA EDUCACIÓN Y LA INFORMACIÓN SOBRE LOS HONGOS

La educación y la información precisa sobre los hongos mágicos son de suma importancia, ya que han ganado una popularidad significativa en los últimos años. Los hongos mágicos, también conocidas como hongos psilocibios, contienen el compuesto psicoactivo psilocibina, que puede inducir alucinaciones y alterar la percepción de la realidad. Mientras que algunas personas buscan estas experiencias con fines recreativos, otras consumen hongos mágicos por sus posibles efectos terapéuticos. Es crucial educar a los personas sobre los riesgos y beneficios asociados al consumo de hongos mágicos. Un aspecto de la educación en el que hay que hacer hincapié es el cultivo de hongos mágicos. Muchos personas están interesados en cultivar sus propios hongos, ya sea para uso personal o para abastecer a otros. Sin una información precisa y una orientación adecuada, esto puede ser peligroso. Los hongos mágicos requieren unas condiciones de cultivo específicas, como temperatura, humedad y sustrato adecuados. Hay que tener cuidado de evitar la contaminación, ya que puede provocar la proliferación de bacterias nocivas o moho tóxico. Proporcionando información precisa sobre las técnicas de cultivo y las precauciones necesarias, las personas pueden evitar posibles riesgos y garantizar un consumo más seguro. La educación sobre el consumo de hongos mágicos es crucial. Mientras que algunos personas pueden tener experiencias profundas y positivas, otros pueden experimentar ansiedad intensa, confusión o incluso psicosis.

Es vital que las personas sean conscientes de los riesgos potenciales y aborden el consumo de hongos mágicos de forma responsable. La educación puede ayudar a las personas a comprender la importancia de la dosis, la configuración y el entorno. La dosis se refiere a la cantidad de psilocibina consumida, que puede influir enormemente en la intensidad de la experiencia. La configuración se refiere a la mentalidad y el estado mental del individuo antes de consumir hongos mágicos. Esto es importante porque si una persona se encuentra en un estado mental negativo o inestable, los efectos de los hongos mágicos pueden ser más impredecibles y potencialmente dañinos. El entorno, por otra parte, se refiere al ambiente físico y social en el que se consumen los hongos mágicos. Factores como la comodidad, la seguridad y la confianza entre las personas presentes pueden influir enormemente en la experiencia global. La educación debe centrarse en enseñar a las personas a crear un entorno seguro, propicio y positivo antes de dedicarse al consumo de hongos mágicos. Además del cultivo y el consumo, la educación también debería abordar el potencial espiritual y terapéutico de los hongos mágicos. Muchas personas afirman haber tenido profundas experiencias espirituales mediante el consumo de estas sustancias. Algunos estudios sugieren incluso que los hongos mágicos pueden ser beneficiosas para tratar problemas de salud mental como la depresión, la ansiedad y la adicción. Al proporcionar información precisa sobre los posibles beneficios y riesgos, las personas pueden tomar decisiones informadas sobre su consumo personal de estas sustancias. La educación puede ayudar a los personas a comprender la importancia de integrar sus experiencias en su vida cotidiana, permitiendo el crecimiento personal, la reflexión y, potencialmente, la iluminación espiritual.

La educación sobre la legalidad y la normativa que rodea a los hongos mágicos es esencial. La legalidad de los hongos mágicos varía mucho según el país y la jurisdicción, y en algunos lugares se permite su uso medicinal o religioso, mientras que en otros se prohíbe estrictamente cualquier forma de consumo. Es crucial que las personas conozcan las leyes de sus respectivas regiones para evitar cualquier consecuencia legal. La educación puede ayudar a las personas a comprender la situación legal actual de los hongos mágicos y los riesgos potenciales asociados a su posesión, cultivo o distribución. La educación y la información precisa sobre los hongos mágicos son esenciales. Al proporcionar a las personas conocimientos sobre el cultivo, el consumo, la espiritualidad y los aspectos legales de los hongos mágicos, podemos garantizar un uso más seguro y responsable de estas sustancias. Tanto si buscan experiencias recreativas como si exploran los posibles beneficios terapéuticos, la educación les capacita para tomar decisiones informadas y fomenta una mayor comprensión de los riesgos y beneficios asociados al consumo de hongos mágicos.

PROMOVER EL USO RESPONSABLE Y SEGURO MEDIANTE CAMPAÑAS PÚBLICAS

Promover un consumo responsable y seguro mediante campañas públicas es una estrategia crucial cuando se trata de gestionar los riesgos asociados al consumo de hongos mágicos. Las campañas públicas desempeñan un papel vital en la educación y concienciación de las personas sobre los peligros potenciales y las precauciones que deben tomarse al consumir estas sustancias. El objetivo principal de estas campañas es proporcionar información precisa y basada en pruebas sobre las recomendaciones de dosificación, los posibles efectos secundarios y las formas de minimizar los daños. Al difundir esta información, las campañas públicas fomentan el uso responsable y desalientan los comportamientos imprudentes. Estas campañas también hacen hincapié en la importancia de una preparación adecuada, como utilizar una fuente de confianza y garantizar un entorno seguro al consumir hongos mágicos. Las campañas públicas también pueden ser eficaces para abordar las ideas erróneas y los estigmas que rodean a los hongos mágicos, lo que conduce a una comprensión más informada y equilibrada. Al desmentir mitos y creencias erróneas, estas campañas allanan el camino para debates abiertos y honestos sobre los riesgos y beneficios asociados a las sustancias psicodélicas. Las campañas públicas pueden adoptar diversas formas, como anuncios en los medios de comunicación, programas educativos, recursos en línea y actos comunitarios. Utilizar estas plataformas puede ayudar a llegar a un público más amplio y a implicar a personas de diversos orígenes. Por ejemplo, colaborar con escuelas y universidades locales puede brindar la oportunidad de educar a los estudiantes sobre los riesgos potenciales y las consecuencias del consumo de hongos mágicos. Al comprometerse con los personas más jóvenes, estas campañas pueden ayudar a establecer una base sólida de consumo responsable de drogas y dotarles de los conocimientos necesarios para tomar decisiones informadas. Estas campañas deberían implicar a profesionales médicos, psicólogos y expertos en política de drogas para garantizar que se proporciona al público información precisa y basada en pruebas. Los esfuerzos de colaboración entre las distintas partes interesadas, incluidos los organismos gubernamentales, las organizaciones sin ánimo de lucro y los profesionales sanitarios, pueden reforzar el impacto de estas campañas y garantizar un enfoque global para promover un consumo responsable y seguro. Uno de los componentes clave de las campañas públicas que promueven el consumo responsable y seguro de drogas son las estrategias de reducción de daños. La reducción de daños pretende minimizar los riesgos asociados al consumo de drogas sin exigir necesariamente la abstinencia. En el contexto de los hongos mágicos, las estrategias de reducción de daños pueden incluir el suministro de información sobre la dosis recomendada, las posibles interacciones con otras drogas y la identificación de las señales de un mal viaje. Las campañas públicas también pueden hacer hincapié en la importancia de que una persona sobria y de confianza esté presente durante la experiencia para proporcionar apoyo y garantizar la seguridad del consumidor. Estas campañas pueden educar a las personas en el desarrollo de estrategias para gestionar experiencias difíciles o abrumadoras, como ejercicios de respiración, técnicas de conexión a tierra y creación de un entorno cómodo.

Las campañas públicas que promueven el uso responsable y seguro de los hongos mágicos son esenciales para abordar los riesgos potenciales asociados a su consumo. Estas campañas no sólo proporcionan a las personas información precisa y basada en pruebas, sino que también ayudan a disipar las ideas erróneas y los estigmas que rodean a las sustancias psicodélicas. Al fomentar un comportamiento responsable y hacer hincapié en las estrategias de reducción de daños, estas campañas contribuyen a una perspectiva más informada y equilibrada sobre los hongos mágicos. Los esfuerzos de colaboración entre las distintas partes interesadas pueden potenciar el impacto de estas campañas y garantizar un enfoque global de la reducción de daños. Las campañas públicas desempeñan un papel crucial a la hora de garantizar que las personas dispongan de los conocimientos y herramientas necesarios para tomar decisiones informadas sobre su consumo de drogas.

DESESTIGMATIZAR LAS PERCEPCIONES Y CUESTIONAR LOS MITOS

Desestigmatizar las percepciones y cuestionar los mitos que rodean al consumo de hongos mágicos es crucial para fomentar un diálogo más informado y educado sobre esta sustancia. Históricamente, los hongos mágicos se han asociado erróneamente con efectos nocivos y estereotipos negativos. Investigaciones recientes han empezado a arrojar luz sobre los posibles beneficios terapéuticos y usos espirituales de esta sustancia. Al desestigmatizar las percepciones, se puede animar a las personas a entablar conversaciones abiertas sobre sus experiencias con los hongos mágicos y a compartir valiosos puntos de vista. Desafiar los mitos predominantes en torno a los hongos mágicos es esencial para proporcionar información precisa y disipar la desinformación. Uno de los mitos más extendidos es que los hongos mágicos son muy adictivos. Los estudios científicos han demostrado que los hongos mágicos no son adictivos en el sentido tradicional. De hecho, las investigaciones sugieren que estas sustancias pueden tener usos terapéuticos potenciales, sobre todo en el tratamiento de afecciones mentales como la depresión y la ansiedad. Es importante cuestionar estos mitos y proporcionar al público información basada en pruebas para facilitar una comprensión más matizada de los hongos mágicos. Otro mito que se perpetúa a menudo es que los hongos mágicos se asocian a un comportamiento peligroso y temerario. Aunque es cierto que el consumo de hongos mágicos puede alterar la percepción y la cognición, es crucial diferenciar entre consumo responsable e irresponsable.

Con una educación adecuada y prácticas de reducción de daños, las personas pueden minimizar los riesgos asociados al consumo de hongos mágicos y tomar decisiones informadas sobre su consumo. Desestigmatizar la percepción de los hongos mágicos es esencial para promover debates abiertos sobre su significado espiritual y cultural. Durante siglos, los hongos mágicos han sido utilizados por diversas culturas indígenas en prácticas religiosas y chamánicas. Al comprender y apreciar el contexto cultural en el que se han utilizado los hongos mágicos, las personas pueden comprender mejor sus posibles beneficios espirituales. Desestigmatizar las percepciones y cuestionar los mitos que rodean a los hongos mágicos también está estrechamente ligado a la necesidad de reformar los marcos legales y normativos actuales. En muchos países, incluido Estados Unidos, los hongos mágicos están clasificadas como sustancias de la Lista I, junto a drogas como la heroína y el LSD. Esta clasificación no sólo socava los beneficios terapéuticos potenciales de los hongos mágicos, sino que también perpetúa el estigma y la desinformación que rodean su consumo. Al abogar por políticas basadas en pruebas y esfuerzos de despenalización, las personas y las organizaciones pueden trabajar para crear un enfoque más equilibrado e informado de la regulación de los hongos mágicos. Desestigmatizar las percepciones y cuestionar los mitos que rodean a los hongos mágicos es crucial para fomentar un diálogo más informado y educado sobre esta sustancia. Proporcionando información precisa, cuestionando los mitos predominantes y comprendiendo el significado cultural y espiritual de los hongos mágicos, las personas pueden adquirir una comprensión más matizada de sus beneficios y riesgos potenciales. Abogar por la reforma de los marcos jurídicos y normativos puede ayudar a reducir el estigma asociado al consumo de hongos mágicos y allanar el camino a políticas basadas en pruebas. Es esencial promover debates abiertos y fomentar el uso responsable para garantizar la seguridad y el bienestar de las personas que deciden consumir hongos mágicos.

INCORPORAR ESTRATEGIAS DE REDUCCIÓN DE DAÑOS A LAS INICIATIVAS EDUCATIVAS

Incorporar estrategias de reducción de daños a las iniciativas educativas es crucial cuando se trata de debatir y abordar el consumo de hongos mágicos y otras sustancias. La reducción de daños es un enfoque pragmático que pretende minimizar las consecuencias negativas asociadas al consumo de drogas sin abogar necesariamente por la abstinencia total. Al incorporar estrategias de reducción de daños a las iniciativas educativas, podemos promover una comprensión más equilibrada e informada de los hongos mágicos, sus efectos, riesgos y formas de mitigar los daños potenciales. Un enfoque eficaz consiste en proporcionar información precisa y basada en pruebas sobre los hongos mágicos, incluido su cultivo, consumo y efectos espirituales y perceptivos. Esto puede hacerse mediante el uso de materiales educativos como folletos, sitios web y conferencias accesibles a personas de distintas edades y niveles educativos. Al difundir esta información, podemos ayudar a disipar mitos y conceptos erróneos en torno a los hongos mágicos, reduciendo la probabilidad de que usuarios inexpertos o desinformados adopten comportamientos potencialmente arriesgados. Las iniciativas educativas pueden introducir prácticas de reducción de daños, como promover entornos seguros para el consumo, orientar sobre la dosis y la preparación, y destacar la importancia de una toma de decisiones responsable e informada. Este planteamiento reconoce la realidad de que algunas personas pueden elegir consumir hongos mágicos independientemente de su situación legal, y pretende proporcionarles los conocimientos y herramientas necesarios para reducir los daños potenciales. La incorporación de estrategias de reducción de daños en las iniciativas educativas puede centrarse en desestigmatizar el consumo de sustancias y abordar cuestiones relacionadas con la salud mental, la adicción y la dependencia. Al replantear la conversación sobre los hongos mágicos como una cuestión de salud y bienestar personales, en lugar de como un fallo moral o un comportamiento delictivo, es más probable que las personas busquen ayuda cuando la necesiten y participen en conversaciones abiertas y sinceras. Las iniciativas educativas también deben esforzarse por crear un espacio seguro y sin prejuicios para que las personas compartan sus experiencias y preocupaciones. Los grupos de apoyo entre iguales y los servicios de asesoramiento pueden integrarse en los programas educativos, proporcionando a las personas la oportunidad de conectar con otras que puedan tener experiencias o preocupaciones similares. Esto puede ayudar a reducir los sentimientos de aislamiento y mejorar el bienestar general de las personas que consumen hongos mágicos o están pensando en hacerlo. La incorporación de estrategias de reducción de daños en las iniciativas educativas debe implicar la colaboración con profesionales sanitarios, organizaciones comunitarias y responsables políticos. Trabajando juntos, estas partes interesadas pueden garantizar que la información esté actualizada y sea precisa y pertinente para las necesidades de las personas y las comunidades. También pueden abogar por políticas que den prioridad a la reducción de daños frente a las medidas punitivas, como la despenalización o la implantación de lugares de consumo supervisado. Incorporar estrategias de reducción de daños a las iniciativas educativas es crucial para fomentar una comprensión más completa y compasiva de los hongos mágicos y del consumo de sustancias en general. Al proporcionar a las personas información basada en pruebas, promover prácticas de reducción de daños y desestigmatizar el consumo de sustancias, podemos ayudarlas a tomar decisiones informadas sobre su salud y bienestar. Colaborando con diversas partes interesadas, podemos abogar por políticas e intervenciones que den prioridad a la reducción de daños y creen entornos más seguros para las personas que decidan consumir hongos mágicos. Los hongos mágicos, también conocidas como hongos psilocibios, tienen una larga historia de cultivo, consumo e importancia espiritual. Estos hongos contienen un compuesto psicodélico natural llamado psilocibina que, al ingerirse, puede alterar la percepción, los pensamientos y las emociones. El cultivo de hongos mágicos implica el cultivo y la recolección cuidadosos de las esporas, que luego se utilizan para cultivar los hongos. Este proceso requiere condiciones controladas, como niveles específicos de temperatura y humedad, para garantizar un crecimiento óptimo. Una vez que los hongos han madurado, pueden consumirse frescos o secarse para su uso posterior.

El consumo de hongos mágicos ha sido frecuente en diversas culturas a lo largo de la historia, sobre todo en civilizaciones mesoamericanas como los aztecas y los mayas. Estas culturas utilizaban hongos mágicos en ceremonias religiosas y creían que los hongos les proporcionaban una conexión espiritual con lo divino. En los últimos años, ha resurgido el interés por el potencial espiritual y terapéutico de los hongos mágicos, y muchas personas buscan explorar las profundidades de su conciencia y ampliar su conocimiento mediante experiencias psicodélicas. Los efectos del consumo de hongos mágicos pueden variar en función de factores como la dosis, la tolerancia individual y el entorno. Normalmente, entre 30 minutos y una hora después del consumo, los personas pueden experimentar alteraciones de la percepción, como colores realzados, patrones y objetos distorsionados. Estos efectos visuales pueden ir acompañados de cambios en los pensamientos y emociones, como sentimientos de euforia, introspección y mayor empatía. Muchas personas afirman tener profundas experiencias espirituales y una sensación de interconexión con el mundo que les rodea. A pesar de los posibles beneficios espirituales y terapéuticos, el consumo de hongos mágicos no está exento de riesgos. Cuando se consumen en dosis elevadas, los hongos mágicos pueden inducir experiencias intensas, denominadas comúnmente "viajes", que pueden resultar abrumadoras para algunos personas. Estas experiencias pueden ir acompañadas de ansiedad, confusión e incluso alucinaciones. El consumo de hongos mágicos puede tener efectos adversos en personas con enfermedades mentales preexistentes, como trastornos de ansiedad o esquizofrenia. Es crucial que las personas que se planteen consumir hongos mágicos lo hagan con precaución, investiguen los riesgos potenciales y se aseguren de que se encuentran en un entorno seguro y de apoyo. En muchos países, el cultivo, la posesión y el consumo de hongos mágicos son ilegales debido a su clasificación como sustancia controlada. Cada vez se reconocen más los beneficios terapéuticos potenciales de la terapia asistida con psilocibina, sobre todo para el tratamiento de la depresión, la ansiedad y la adicción. Se están llevando a cabo ensayos clínicos y estudios de investigación para explorar la seguridad y eficacia de la terapia asistida con psilocibina, con resultados prometedores hasta el momento. A medida que la comunidad científica siga investigando el potencial terapéutico de los hongos mágicos, es posible que se produzca un cambio en la percepción pública y en la política que rodea su uso. Los hongos mágicos tienen una rica historia de cultivo, consumo y significado espiritual. Estos hongos contienen el compuesto psicodélico psilocibina, que puede alterar la percepción, los pensamientos y las emociones. Aunque el consumo de hongos mágicos puede proporcionar profundas experiencias espirituales y beneficios terapéuticos, no está exento de riesgos. El uso responsable, la investigación y un entorno de apoyo son esenciales para las personas que se plantean explorar el potencial de los hongos mágicos. Con los ensayos clínicos y la investigación en curso, el futuro puede deparar un mayor reconocimiento y comprensión del potencial terapéutico de los hongos mágicos.

XIX. CONCLUSIÓN

Los hongos mágicos tienen una larga y fascinante historia que abarca el cultivo, el consumo, la espiritualidad y la percepción. Desde las antiguas culturas indígenas hasta los entusiastas modernos, los hongos se han considerado una herramienta sagrada y potente para la curación, la iluminación espiritual y el crecimiento personal. El cultivo de hongos mágicos se ha hecho cada vez más popular en los últimos años, con avances tecnológicos que facilitan a los personas cultivar sus propios hongos en casa. El consumo de hongos mágicos conlleva ciertos riesgos, como posibles efectos adversos sobre la salud mental, mayor riesgo de accidentes y lesiones, y la posibilidad de experimentar un mal viaje. Es importante que las personas que se planteen consumir hongos mágicos tengan en cuenta estos riesgos y aborden su consumo con precaución. Uno de los aspectos más significativos de los hongos mágicos es su impacto en la percepción y la conciencia. Se ha demostrado que la psilocibina, el compuesto activo de los hongos mágicos, altera el funcionamiento del cerebro, provocando cambios profundos en la percepción, el estado de ánimo y la cognición. Esto puede dar lugar a una serie de experiencias, desde sentimientos de euforia y conexión con un poder superior, hasta alucinaciones y pérdida del ego. Estos estados alterados de conciencia se han asociado tradicionalmente a experiencias espirituales y se han utilizado en rituales religiosos y chamánicos durante siglos. A pesar de estos beneficios potenciales, es importante reconocer que el consumo recreativo de hongos mágicos también puede tener consecuencias negativas. Los efectos de los hongos mágicos son impredecibles y pueden variar enormemente en función de factores como la dosis, el escenario y el entorno. Mientras que algunos personas pueden tener experiencias positivas con los hongos mágicos, otros pueden experimentar ansiedad, paranoia o incluso psicosis. También hay que tener en cuenta que los hongos mágicos pueden interactuar con otras sustancias, como el alcohol o ciertos medicamentos, dando lugar a interacciones potencialmente peligrosas.

La situación legal de los hongos mágicos varía mucho en todo el mundo. Mientras que algunos países han despenalizado o legalizado el consumo de hongos mágicos con fines médicos o recreativos, otros mantienen leyes y normativas estrictas que penalizan su posesión, cultivo y distribución. Esto puede crear zonas grises legales y riesgos potenciales para las personas que decidan dedicarse al cultivo o consumo de hongos mágicos.

A la luz de estos riesgos y desafíos potenciales, es crucial que las personas que estén considerando el consumo de hongos mágicos se informen sobre los riesgos y aborden su consumo de forma responsable y con precaución. Esto incluye investigar a fondo los efectos y riesgos potenciales asociados a los hongos mágicos, obtener los hongos de fuentes fiables y de confianza, y asegurarse de que el entorno en el que se consumen es seguro, cómodo y propicio. También es importante contar con la presencia de una persona sobria y de confianza que proporcione orientación y apoyo durante la experiencia, así como acceso a ayuda médica en caso de emergencia. Si se aborda el consumo de hongos mágicos de forma responsable e informada, se pueden maximizar los beneficios potenciales de estas sustancias y minimizar los posibles riesgos.

RECAPITULACIÓN DE LOS PUNTOS CLAVE TRATADOS EN EL LIBRO

Este libro ha explorado diversos aspectos de los hongos mágicos, como su cultivo, consumo, espiritualidad, percepción, historia, usos, efectos, riesgos, leyes y normativas. Primero hemos profundizado en el proceso de cultivo, discutiendo los distintos métodos y entornos necesarios para un crecimiento satisfactorio. Después examinamos el consumo de hongos mágicos, destacando las diversas formas en que pueden ingerirse y los posibles efectos físicos y psicológicos que pueden inducir. Exploramos el significado espiritual de estos hongos, señalando su larga historia de uso en las culturas indígenas y su potencial para inducir experiencias místicas. Exploramos el impacto de los hongos mágicos en los procesos perceptivos, señalando su capacidad para alterar la percepción sensorial y potenciar la creatividad. También analizamos el contexto histórico del consumo de hongos mágicos, rastreando sus orígenes en culturas antiguas y explorando su papel en la investigación científica moderna. Examinamos las experiencias subjetivas relatadas por los usuarios, explorando los efectos positivos y negativos que pueden derivarse del consumo de hongos mágicos. En cuanto a los riesgos, destacamos los peligros potenciales asociados al consumo de hongos mágicos, incluido el riesgo de intoxicación accidental o las respuestas psicológicas negativas. Consideramos el panorama legal y normativo que rodea a los hongos mágicos, señalando los diversos grados de legalidad en las distintas jurisdicciones y las posibles implicaciones para los consumidores. Este libro ha proporcionado una visión global de las diversas facetas del consumo de hongos mágicos, contribuyendo a una comprensión más profunda de estos fascinantes hongos y su impacto en la conciencia humana.

FOMENTAR LA INVESTIGACIÓN Y LA EXPLORACIÓN RESPONSABLE DE LOS HONGOS

El fomento de una mayor investigación y exploración responsable de los hongos mágicos es crucial para comprender plenamente sus beneficios y riesgos potenciales. A pesar de la limitada investigación científica sobre los hongos mágicos, los estudios existentes han demostrado resultados prometedores en diversas áreas. Por ejemplo, la investigación ha indicado que la psilocibina, el compuesto psicoactivo que se encuentra en los hongos mágicos, ha mostrado potencial para tratar trastornos mentales como la ansiedad, la depresión y la adicción. Los estudios han revelado que el consumo de hongos mágicos en condiciones controladas puede producir cambios positivos en los rasgos de la personalidad y el bienestar a largo plazo. Esto subraya la importancia de seguir investigando para comprender plenamente el potencial terapéutico de los hongos mágicos y desarrollar tratamientos más específicos para las personas que sufren estas afecciones. La exploración responsable de los hongos mágicos es necesaria para garantizar la seguridad y el bienestar de los consumidores. Es imprescindible conocer los efectos y riesgos asociados a su consumo. Aunque los hongos mágicos suelen considerarse seguras cuando se consumen con moderación y en circunstancias controladas, es crucial ser consciente de las posibles reacciones adversas, como alucinaciones, ansiedad y paranoia. Ciertas personas pueden ser más susceptibles de sufrir experiencias negativas, como las que tienen antecedentes de trastornos mentales o las que toman medicamentos específicos. La exploración responsable implica investigar a fondo, obtener información precisa y tomar las precauciones adecuadas, como empezar con dosis bajas, contar con un trip sitter sobrio y crear un entorno tranquilo y de apoyo. Este enfoque no sólo minimiza los riesgos potenciales, sino que también facilita una experiencia más positiva e instructiva con los hongos mágicos. Además de las aplicaciones terapéuticas, los hongos mágicos tienen una rica historia de significado espiritual y cultural. Varias culturas indígenas las han utilizado durante siglos para prácticas adivinatorias, curativas y espirituales. Explorar estas antiguas tradiciones puede aportar valiosos conocimientos sobre los profundos efectos de los hongos mágicos en la conciencia, la percepción y la espiritualidad. Al profundizar en estas prácticas, las personas pueden apreciar mejor la relevancia cultural e histórica de los hongos mágicos, lo que conduce a una experiencia más enriquecedora. Adoptar un enfoque responsable del consumo de hongos mágicos puede contribuir a la desestigmatización y legalización de estas sustancias. La percepción negativa que rodea a los hongos mágicos suele derivarse de la desinformación y de las narrativas basadas en el miedo. Involucrándose en una investigación y exploración responsables, las personas pueden cuestionar estas ideas erróneas y promover una comprensión más basada en pruebas de los beneficios y riesgos potenciales asociados a los hongos mágicos. Esto puede fomentar debates más informados y cambios políticos sobre la despenalización y el uso regulado de estas sustancias. La legalización y regulación de los hongos mágicos puede garantizar un acceso más seguro y controlado a las personas que puedan beneficiarse de ellas, al tiempo que minimiza los riesgos asociados a un consumo no regulado o inseguro. El fomento de una mayor investigación y exploración responsable de los hongos mágicos es esencial para descubrir sus beneficios potenciales, comprender los riesgos asociados y desestigmatizar su consumo. La investigación científica continuada puede arrojar luz sobre las aplicaciones terapéuticas de los hongos mágicos y permitir el desarrollo de tratamientos específicos para los trastornos mentales. La exploración responsable requiere ser consciente de los riesgos potenciales, investigar a fondo y tomar las precauciones necesarias para garantizar una experiencia segura y positiva. Adoptando un enfoque responsable de los hongos mágicos, las personas pueden apreciar su significado espiritual y cultural, cuestionar los conceptos erróneos y contribuir a los debates en curso sobre su legalización y regulación.

REFLEXIÓN SOBRE EL SIGNIFICADO CULTURAL, HISTÓRICO Y ESPIRITUAL DE LOS HONGOS

Los hongos mágicos, también conocidos como hongos psilocibios, han sido utilizados durante siglos por diversas culturas de todo el mundo por su significado cultural, histórico y espiritual. Estos hongos contienen el compuesto psicoactivo psilocibina, que induce profundas alteraciones de la percepción, la cognición y la conciencia. Desde una perspectiva cultural, los hongos mágicos se han utilizado en diversos rituales y ceremonias como medio de conectar con lo divino, entrar en comunión con los antepasados y experimentar un crecimiento espiritual. Por ejemplo, en las antiguas culturas mesoamericanas, como los aztecas y los mayas, el consumo de hongos psilocibios se consideraba una práctica sagrada, y sus rituales a menudo implicaban visiones chamánicas y viajes espirituales. Del mismo modo, en las culturas indígenas de la selva amazónica, los hongos mágicos, o "medicina sagrada", se siguen utilizando en ceremonias curativas y para obtener percepciones del mundo espiritual. La importancia histórica de los hongos mágicos también se remonta a los años 50 y 60, cuando se convirtieron en un punto central del movimiento contracultural y desempeñaron un papel fundamental en la exploración de formas alternativas de espiritualidad y autodescubrimiento. Esta época vio el auge de figuras influyentes como Timothy Leary y Terence McKenna, que defendían el uso de psicodélicos, incluidos los hongos psilocibios, como medio de expandir la conciencia y desafiar las normas sociales. El significado espiritual de los hongos mágicos está profundamente entrelazado con sus efectos sobre la percepción y la conciencia. Muchos consumidores relatan profundas experiencias místicas, sentimientos de interconexión con el universo y una disolución del ego. Estas experiencias se han comparado con estados trascendentes de conciencia y se han descrito como profundamente espirituales y transformadoras. El uso de hongos mágicos en el contexto de la espiritualidad también plantea cuestiones sobre la naturaleza de la conciencia, la existencia de un poder superior y el potencial de crecimiento personal y autorrealización. Además de su significado cultural, histórico y espiritual, los hongos mágicos también han atraído la atención de investigadores y científicos que tratan de comprender su potencial terapéutico. Estudios recientes han mostrado resultados prometedores en el tratamiento de enfermedades mentales como la depresión, la ansiedad y la adicción. Se ha demostrado que la terapia con psilocibina, en condiciones controladas, alivia los síntomas, mejora el bienestar psicológico y promueve cambios positivos duraderos en la vida de los pacientes. Esta investigación sugiere que los hongos mágicos pueden desempeñar un papel en el futuro de la medicina psiquiátrica, ofreciendo un nuevo enfoque para el tratamiento de la salud mental. A pesar de sus beneficios potenciales, los hongos mágicos también plantean riesgos. El mercado no regulado de estas sustancias ha llevado a la creación de sustitutos sintéticos que pueden ser perjudiciales o incluso letales. La naturaleza subjetiva de las experiencias psicodélicas significa que los personas pueden tener diferentes reacciones y vulnerabilidades a la psilocibina. En algunos casos, el consumo de hongos mágicos puede provocar reacciones psicológicas adversas, como ataques de pánico, psicosis y angustia psicológica a largo plazo. La situación legal de los hongos mágicos varía de un país a otro, y varias jurisdicciones penalizan su posesión y consumo. Los hongos mágicos tienen un enorme significado cultural, histórico y espiritual. Se han utilizado durante siglos en distintas culturas como medio para explorar la conciencia, conectar con lo divino y facilitar el crecimiento personal. El reciente resurgimiento de la investigación sobre los hongos psilocibios ha arrojado luz sobre su potencial terapéutico, pero también plantea importantes cuestiones sobre su seguridad y estatus legal. Mientras la sociedad sigue lidiando con las complejas cuestiones que rodean a los psicodélicos, una comprensión exhaustiva de las dimensiones culturales, históricas y espirituales de los hongos mágicos es crucial para un debate informado y la toma de decisiones políticas.

DECISIONES POLÍTICAS BASADAS EN PRUEBAS SOBRE LOS PSICODÉLICOS

La petición de debates equilibrados y decisiones políticas basadas en pruebas sobre los psicodélicos llega en un momento crítico, ya que el resurgimiento del interés por estas sustancias exige debates sólidos e informados. Durante décadas, las sustancias psicodélicas, como los hongos mágicos, se han asociado a movimientos contraculturales, riesgos inherentes y una legalidad cuestionable. Recientes investigaciones científicas y clínicas han empezado a arrojar nueva luz sobre los beneficios potenciales de estas sustancias. Es esencial que la sociedad entable debates equilibrados sobre los psicodélicos para garantizar una representación exacta de sus efectos, riesgos y potencial terapéutico. Este llamamiento está en consonancia con los objetivos más amplios de la elaboración de políticas basadas en pruebas y el avance del conocimiento en los campos pertinentes. Para fomentar debates equilibrados sobre los psicodélicos, es crucial reconocer la larga historia de la interacción humana con estas sustancias. Los psicodélicos han sido utilizados durante siglos por diversas culturas con fines espirituales, medicinales y rituales. Negar o desestimar las experiencias profundamente espirituales, transformadoras o terapéuticas relatadas por personas que han consumido psicodélicos sería un flaco favor a su rico significado histórico y cultural. Al reconocer la naturaleza polifacética de estas sustancias, la sociedad puede fomentar una comprensión más matizada de sus beneficios y riesgos potenciales.

Un debate equilibrado sobre los psicodélicos debe abordar las pruebas científicas relacionadas con sus efectos y su potencial terapéutico. A pesar de estar clasificadas como sustancias ilegales en muchas jurisdicciones, los investigadores han realizado recientemente estudios que examinan la eficacia de los psicodélicos en el tratamiento de afecciones mentales, como la depresión, la ansiedad y el TEPT. Estos estudios han arrojado resultados prometedores, que indican el potencial de los psicodélicos para facilitar avances en la terapia cuando se utilizan en entornos controlados y supervisados. Reconocer estas pruebas es esencial para allanar el camino a decisiones políticas basadas en pruebas respecto a estas sustancias. También es importante reconocer los riesgos potenciales asociados al consumo de psicodélicos. A pesar de su potencial terapéutico, los psicodélicos pueden inducir efectos adversos, sobre todo cuando se utilizan sin la orientación adecuada o en entornos inseguros. Entre estos riesgos se incluyen el malestar psicológico agudo, las experiencias desafiantes y la posibilidad de exacerbar enfermedades psiquiátricas subyacentes. Un debate exhaustivo sobre los psicodélicos debería incorporar una exploración de estos riesgos, garantizando que las personas estén bien informadas y sean capaces de tomar decisiones responsables sobre su consumo. Examinar el marco legal existente en torno a los psicodélicos es crucial en cualquier debate equilibrado. La clasificación de estas sustancias como ilegales ha obstaculizado la investigación científica y limitado las posibles aplicaciones terapéuticas. Las perspectivas legales anticuadas y a menudo desinformadas que rodean a los psicodélicos contribuyen a las ideas erróneas del público y dificultan una comprensión precisa de sus beneficios y riesgos. Es imperativo que los responsables políticos consideren enfoques basados en pruebas para regular los psicodélicos, sopesando los riesgos potenciales frente a los posibles beneficios terapéuticos. La petición de debates equilibrados y decisiones políticas basadas en pruebas sobre los psicodélicos es de suma importancia a la luz de las recientes investigaciones científicas y clínicas. Abrazando el significado histórico, cultural y espiritual de estas sustancias y examinando sus efectos y su potencial terapéutico, la sociedad puede fomentar un diálogo más informado. Al hacerlo, podemos trabajar para desarrollar políticas basadas en pruebas que reconozcan los beneficios potenciales de los psicodélicos y, al mismo tiempo, mitiguen los riesgos asociados. Es imperativo que las diversas partes interesadas entablen debates exhaustivos, basados en pruebas científicas e impulsados por el objetivo de avanzar en nuestra comprensión y mejorar la salud y el bienestar públicos.

BIBLIOGRAFÍA

Centro Nacional Colaborador de Salud Mental (Gran Bretaña). 'Trastorno de ansiedad social'. Reconocimiento, Evaluación y Tratamiento, Real Colegio de Psiquiatras, 1/1/2013

Rebeca Martínez. 'Medicina Integral'. Guía de Ética y Reducción de Daños para Comunidades de Terapia Psicodélica y Medicina Vegetal, North Atlantic Books, 16/1/2024.

Michelle Janikian. 'Tu compañero de Hongos de Psilocibina'. Una guía informativa y fácil de usar para entender los hongos mágicos, Simon and Schuster, 19/11/2019

Stefan Schmidt. 'Neurociencia, Conciencia y Espiritualidad'. Harald Walach, Springer Science & Business Media, 31/8/2011

Alekse- Arjipovich Leonov. 'Percepción del espacio y el tiempo en el espacio exterior'. National Aeronautics and Space Administration, a la venta por Clearinghouse for Federal Scientific and Technical Information, Springfield, Va, 1/1/1969

Charles T. Tart. 'Estados Alterados de Conciencia'. Doubleday, 1/1/1972

R. Gordon Wasson. 'El hongo maravilloso'. Micolatría en Mesoamérica, City Lights Publishers, 1/1/2014

Beca Lewis. 'Vivir en gracia'. El cambio hacia la percepción espiritual, Perception Publishing, 1/1/2002

Howard S. Weintraub. 'Ciertos factores que influyen en la disolución de los fármacos de las formas farmacéuticas'. Universidad Estatal de Nueva York en Buffalo, 1/1/1971

División de Salud y Medicina. 'Efectos del Cannabis y los Cannabinoides sobre la Salud.' Estado actual de las pruebas y recomendaciones para la investigación, Academias Nacionales de Ciencias, Ingeniería y Medicina, National Academies Press, 31/3/2017

Zeno Apostolides. 'Mejora global del té. Logros, retos y perspectivas', Liang Chen, Springer Science & Business Media, 31/8/2013

Andy Letcher. 'Champiñón'. Una historia cultural de la seta mágica, Harper Collins, 19/2/2008

Mike Davin. 'La Magia de los Hongos'. Publicación independiente, 24/8/2020

OCDE. 'Gestión de los recursos biológicos en la agricultura: retos y riesgos de los organismos modificados genéticamente'. Publicación de la OCDE, 30/8/2004

Kerry Ogame. 'Manual de Hongos de Psilocibina'. Easy Indoor & Outdoor Cultivation, L. G. Nicholas, Ed Rosenthal, 1/1/2006

Xin Gao. 'Evaluación y optimización de las condiciones de cultivo y parametrización de un modelo de distribución de la luz para el crecimiento de células verdes de microalgas'. Haematococcus Pluvialis en Condiciones Autótrofas, Universidad Estatal de Washington, 1/1/2016

Gordon Grow 'Hongos de Psilocibina'. Todo lo que necesitas saber sobre los Hongos Mágicos. Obtén más información sobre su uso seguro, así como sobre sus beneficios y efectos secundarios, Publicación independiente, 29/7/2020

Virginia Haze. 'La Biblia de los Hongos de Psilocibina'. La Guía Definitiva para Cultivar y Usar Hongos Mágicos, K. Mandrake, Green Candy Press, 3/5/2024

Charles Henry Brent. 'El Sexto Sentido'. Su cultivo y uso, b. W. Huebsch., 1/1/1911

Paul Stamets. 'Hongos de Psilocibina del Mundo'. Una guía de identificación, Clarkson Potter/Ten Speed, 1/10/1999